西湖风景名胜区
山地景观特征及评价

Characteristics and evaluation of mountain landscape in West Lake Scenic Area

徐　清◎著

同济大学出版社
TONGJI UNIVERSITY PRESS
·上海·

内容提要

本书通过对杭州西湖风景名胜区的典型山地景观开展大量的实地调查和问卷访谈等，收集第一手资料，系统阐述了杭州西湖风景名胜区山地景观的主要类型、形成历史、与城市的形态关系变化、营造和评价理论基础等。同时，对杭州西湖风景名胜区内森林景观格局的特征、公路及古道植物景观、游步道选线适宜性、古树名木景观以及景区村落等进行评价研究，为有效保护杭州西湖风景名胜区的山地景观和生物多样性，以及城市山地景观的合理保护利用、生态恢复、可持续发展与建设管理等提供相应的理论依据和研究基础。

本书将定性与定量分析相结合，强调理论与实践的紧密融合，不仅适合高等院校城乡规划、风景园林、环境艺术设计等相关专业的课程教学，对相关专业的从业人员、管理者和决策者同样具有参考价值。

图书在版编目（CIP）数据

西湖风景名胜区山地景观特征及评价/徐清著. --上海：同济大学出版社，2024.2

ISBN 978-7-5765-0768-3

Ⅰ.①西… Ⅱ.①徐… Ⅲ.①西湖—山地—景观—研究 Ⅳ.①K928.43

中国国家版本馆 CIP 数据核字（2023）第 013891 号

西湖风景名胜区山地景观特征及评价

徐 清 **著**

责任编辑 陈佳蔚 **责任校对** 徐逢乔 **封面设计** 渲彩轩

出版发行 同济大学出版社 www.tongjipress.com.cn
（地址：上海市四平路 1239 号 邮编：200092 电话：021-65985622）
经 销 全国各地新华书店
排 版 南京月叶图文制作有限公司
印 刷 江苏凤凰数码印务有限公司
开 本 710 mm×1000 mm 1/16
印 张 14.75
字 数 241 000
版 次 2024 年 2 月第 1 版
印 次 2024 年 2 月第 1 次印刷
书 号 ISBN 978-7-5765-0768-3

定 价 68.00 元

前 言

中国是一个多山之国，展开这幅辽阔画卷，入眼便是浓墨重彩的山水丹青。奇美复杂的山地水体，丰富多样的植物景观，四时不同的山地立体气候，以及多元文化的交融、传统与潮流的碰撞，造就了中国现代独特的山水文化观。山地景观对于城市的历史积淀、形成与发展具有重要贡献，为城市地域文脉的发展与传承写下独特的一笔。吴良镛曾说："优美环境的创造，要做到两种融合。一是与自然相融合，二是与历史文化相融合，即与文脉结合，要继承与发展历史遗产。"随着社会经济的快速发展，山地景观价值被不断发掘，在山地景观开发与保护的过程中，如何在快速城镇化的城乡建设与发展中保持本土特色，保有几代人的初心与精神共鸣，是当前城乡建设者和设计师需要长期思考的问题之一。

杭州西湖风景名胜区是国务院公布的首批国家重点风景名胜区，首批全国文明风景旅游区示范点和国家5A级旅游景区。西湖是中国山水美学在景观设计上的杰出典范，是景观元素特别独特与丰富、文化含量特别厚重的东方"文化名湖"。2011年，"杭州西湖文化景观"被联合国教科文组织正式列入世界文化遗产名录，成为世界文化景观遗产和全人类共同的宝贵财富。西湖山水景观以其大尺度的景观和有机的生态系统，构成了杭州"三面云山一面城"的城湖空间特征，增进了人与城市、环境的和谐，某种意义上也是中国现代城市文化和山水文化共同追求的人与自然和谐相处的境界。西湖风景名胜区的低山丘陵是景区山水景观的重要组成部分，更是风景名胜区与杭州城市景观相辅相成的重要肌理与骨架。因此，研究西湖风景名胜区山地景观中的森林、道路、古树及村落等景观特征具有较好的典型性，为有效保护西湖风景名胜区的山地景观和生物多样性，以及城市山地景观的合理保护利用、生态恢复、可持续发展与建设管理等提供相应的理论依据和研究基础，并可对其他地区山地景观的保护与开发提供思路和借鉴。

本书主要分为两个部分，包括综述篇和专题篇，共 10 章。第 1 章对山地景观的概念、基本类型、特点及山地景观对中西方山水观的影响进行了概述。第 2 章对西湖风景名胜区山地景观的形成历史、在城市发展中的地位与功能、与城市的形态关系演进和对城市地域文脉的贡献进行分析。第 3 章介绍了西湖风景名胜区山地景观的类型及山地景观营造与评价的理论基础。第 4 章分析了基于地域文脉的山地景观特色营造，着重分析了森林、道路、古树名木的景观营造和管理。第 5 章运用 ArcGIS 空间分析法和景观指数分析法，分析了西湖风景名胜区森林景观格局的特征。第 6 章对西湖风景名胜区公路及古道植物景观进行评价，并针对评价结果提出了提升改造对策。第 7 章对西湖风景名胜区游步道选线进行了适宜性评价，分析当前游步道线路布置的合理性和改进空间。第 8 章描述了西湖风景名胜区古树名木资源特征及开发保护情况，提出了古树名木保护存在的问题及保护对策。第 9 章对西湖风景名胜区古树名木景观进行评价，进一步分析其景观价值。第 10 章以西湖风景名胜区三台山茶文化休闲村为研究对象，探寻影响景区消费者旅游消费体验的重要因素，探讨景中村的商业休闲品质提升对策等。

本书为浙江省社科规划课题成果之一。笔者在撰写前，得到了浙江工商大学旅游与城乡规划学院城乡规划专业的汤潇潇、郭林青、范思扬、曹小鱼、赵烨、相海余、杨慧利、王馨梓、杨玉莲、周巧会及李新月等学生的大力支持，于 2018 年暑假冒着高温与酷暑，对西湖风景名胜区的森林景观、景区古道、游览道路以及古树名木、景中村落等典型景观，进行了大量的实地调查和问卷调查、游客访谈等，并于 2019 年进行了部分山地景观的补充调查，收集和积累了第一手珍贵资料。在本书撰写过程中，得到了恩师浙江大学农业与生物技术学院、中国著名风景园林专家刘茂春教授的殷切指导，在此一并感谢。

本书结合风景园林学专业特点，从森林景观特色营造、景观格局特征、游览道适宜性评价等方面进行了定性、定量分析，详略得当，重点突出，具有科学性、系统性、创新性等特点。笔者在风景园林规划设计实践中应用景观生态学原理和积累的实践经验也于本书中进行了系统性总结，期望能给读者带来一些启发。本书在撰写过程中参考引用了大量国内外资料，虽然有部分在书末参考文献中列出，但仍有相当一部分因为种种原因未能尽举，在此一并向这些资料的作者致以衷心感谢！

由于笔者水平有限，书中如有疏漏、错误之处，祈盼专家、同行以及广大相关专业师生、读者给予批评指正，以便进行完善修订，使本书更好地为广大读者服务。

徐　清

浙江工商大学旅游与城乡规划学院

2021 年 4 月于西子湖畔

目　录

专题篇

综述篇

第 1 章

山地景观总论

山地是世界基本地形之一，也是地球上景观最为丰富的地区。我国是一个多山国家，全国分布 15 个巨大山系，占国土面积的 1/3，其山系南北纵横跨越多个纬度气候带和海拔气候带，形成了丰富多变的山地景观格局。本章主要论述山地景观的定义、山地景观的基本类型和特点及其与中西方山水观的关联和差异。

1.1 山地景观的概述

1.1.1 景观

山地景观的定义，首先要从解释景观开始。景观，在一般意义上，是指一定区域所呈现的景象，即视觉效果。这种视觉效果是复杂的自然演变过程和人类生产生活行为共同作用在大地上的结果，是土地及土地以上空间和物质共同构成的综合体。

在生态学上，景观强调生物群落与环境间的相互关系与空间异质性。俄国地理学家则把生物和非生物的现象都作为景观的组成部分，这也为地理学与生态学的融合、交叉打下了基础。《中国大百科全书·地理学》概括了地理学中对景观的几种理解：①某一区域的综合特征，包括自然、经济、文化诸方面；②一般自然综合体；③区域单位，相当于综合自然区划等级系统中最小的一级自然区；④任何区域单位。所以，山地景观可以说是景观的一个类别，与森林景观、江河湖泊景观、沙漠景观、湿地景观等分属不同类别。

1.1.2 山地

山地是自然地理学科中地貌的一种类型，根据《中国 1∶1 000 000 地貌图制图规范（试行）》，山地一般指海拔在 200 米以上有一定起伏的地貌。西湖风景名胜区范围内的山地可认为是山地或丘陵山地。山地以山体为基础，山体是一个立体的三维空间。山脉是山地的一部分，是指由若干条山岭和山谷组成的山体，是山地中主要山体的集合，大多呈条带状分布，向两个方向延伸，因呈脉状而称为山脉。几个相邻的山脉还能组成山系。构成山脉主体的山岭称为主脉，从主脉延伸出去的山岭称为支脉。从连片的山体形态角度看，山地给人的整体感受是一幅深浅结合的水墨画，可以清楚地看到苍劲有力的山脉边缘轮廓形态，也可以看见浅色的远山和周边模糊的连接山。所以古人用“层峦叠嶂”来形容山脉。

1.1.3 山地景观

山地景观是指海拔在 200 米以上、具有一定起伏的地貌空间中生物与非生物共同构成的视觉效果，由相互作用的拼块或生态系统组成，是以山地特质重复出现的空间异质性区域景象，是囊括区域的自然、经济、文化等诸多内涵的景观类别之一。

1.2 山地景观的基本类型

论及山地景观的类型，首先从探讨山地的类型开始。地球上的陆地表面有许多蜿蜒起伏、巍峨奇特的群山，这些群山峰峦叠嶂，群居一起，形成了一个山地大家族。按照不同的分类标准，山地有不同的分类形式。山地按照其海拔高度可分为极高山、高山、中山和低山，故山地景观按照规模可分为极高山景观、高山景观、中山景观和低山景观。山地按照其成因可分为褶皱山、断层山（断块山）、褶皱-断层山、火山、侵蚀山等，如喜马拉雅山是典型的褶皱山，江西庐山属于断层山，天山山脉属于褶皱-断层山。故山地景观按照其成因可分为褶皱山景观、断层山（断块山）景观、褶皱-断层山景观、火山景观、侵蚀山景观等。

以上分类主要基于自然成因的分类法，由此延伸，再考虑人工因素的影响，大致还可分为自然山地景观和自然-人工山地景观。随着社会经济的发展，部分自然山地景观被人类的生产生活活动所影响，换言之，一部分的自然山地景观与人类生产生活相融合，形成了新的带有人类文明特征、文化底蕴、历史印记的自然-人工山地景观。实际上，当前很大一部分山地景观都可分属于自然-人工山地景观，并在自然-人工山地景观的定义下有了上述按照规模大小和山的成因几种类型划分的分类形式，甚至可以预想，在当前人类的技术发展趋势下，也有可能延伸出纯人工的山地景观。人工的山地景观则主要指的是微观造景部分，不可与宏观的自然山地景观相提并论。

1.3 山地景观的特点

山地景观根据不同分类呈现不同的特点，而总的特征为起伏大、坡度陡、沟谷深，多呈脉状分布。山地表面形态奇特多样，有的彼此平行，绵延数千公里；有的相互重叠，犬牙交错，山里套山，山外有山，连绵不断。山地景观整体气势宏伟壮观，绵延悠长。

根据自然山地景观和自然-人工山地景观的分类，自然山地景观造由天就，形式多样，叹为观止，大多可远观而不可近玩，不具备很强的亲近性，因此也不受过多人为因素的影响，具有稳定持久的特征。而自然-人工山地景观由于具备一定的亲近性，处于开发状态，因此容易受到人为因素的影响，区域的经济、政策、文化等因素都会对山地景观造成一定影响，具有不稳定性，但人为介入也赋予了山地景观额外的价值和功能属性，丰富了其景观内涵，产生了更多的文化、经济和政治效应。

山地景观的整体特点则在对比中体现，与平原景观相比较，具有复杂性、不稳定性和水系动态性。首先，因为山体地势多种多样，有高挺的山峰、陡峭的山崖峡谷等，山体因地形、形状不同而各具特色；其次，山体具有一定的坡度和高度，导致其岩土层、风化层、土壤层极易受到外力作用的影响，发生土壤侵蚀；最后，由于自然的坡度，山体水系比平原水系有更快的流动速度。

1.4 山地景观与中国山水观

一方水土养一方人，一方水土孕育一方文化。山地景观丰富之至，是为之最，而景观的多样性也孕育了山地纷繁灿烂的地方风俗和民族文化，使不同地域、不同民族、不同文化的人对山地景观有着迥然不同的认知与选择。

中国是山地大国，山地区域多达全部陆地面积的69%，从南到北，由西往东，呈现千姿百态的山地奇观。山地的独特环境和生活体验也孕育了先民发达的山水情愫，从“山水崇拜”到“比德山水”，从“山水体道”到山水诗画、风水实践，中国人民积淀了深厚的山水文化与山水精神，发展出一套东方独特的山地景观认知和选择模式。中国山水观随着历史的演变发展，受文化、经济、政治等多种因素的交互作用与影响，也处在不断的变化和发展中。

1.4.1 中国古代山水观

中国古代山水观可从书籍注解、大家文化、典故诗词等表现形式中获知一二，古人通过多种艺术表现手法立体生动地呈现对山地景观的意象理解。《管氏地理指蒙》中记载“地有吉气，土随而起”，诠释为由于潜伏地下的气脉在游走中不断上下升沉，从而使大地呈现起伏跌宕的山地景象，即山地起起伏伏的景观特征是内部生气运行的结果，再有“丘垅之骨，冈阜之支，气之所随”，所以风水学说称山为龙，“指山为龙兮，象形势之腾伏”。

中国道教文化里，昆仑山被誉为“万山之祖”“万神之乡”。宋明时期，堪舆学将具有天地之中、天柱、位于西北、众河源头等特征的神山昆仑纳入龙脉说中，奉昆仑为“三大干龙”之首。三条干龙又细分出无数枝干，作为骨架，带领着众多护卫山脉一路向东，气脉就潜伏在山脉内部流行，在无数山水交汇之处停驻、融结，结成一个个生气勃发的气场盆地。

中国古代山水观中，山脉是内部潜伏气脉流动的通道，而水脉则是护送生气并让气场停驻的关键要素。《地理人子须知》中有注，“气之来，有水以导之；气之止，有水以界之”，故山水交汇之处才是生气流动、停驻和融结的气场，“未论千里来龙，且看到头融结”，气脉流通千里的终极目标是为了融聚、生发，化生万物。

传统观念中的山地，本质上是生气升沉流布的大地景观，复杂的景观构成是为了完成输送生气、留驻生气、聚集生气这一完整的功能过程，实现化生万物的终极目标，山地景观的价值就体现在这一生命孕育的过程中。

在古代山水观的文化解读中，学术界还提出宗教的山水观、哲学的山水观和审美的山水观三个定义。不难得知，在古代生产力水平极低的情况下，靠山吃饭，靠水吃水，“天人合一”的思想源于人们对自然万物的依赖心理，古人的原始宗教意识和活动，是由万物有灵感观念引发对山水的崇拜。而在古时，人与外部世界的直接联系，就是面对绿水青山的自然环境，人们面对环境，感悟生活，从自然山水中感悟人生智慧、自然奥秘。以老子为代表的道家思想，提倡人与自然和谐共存，道法自然；庄子在此之上，悟出“无为”的观点，在山水间逍遥，畅游欢快的人生境界更上层楼。在宗教和哲学山水观的形成过程中，人们对山水的审美也渐渐成型，从早期追求物产丰饶之美，到中期追求视觉景观之美，再到后期由此带来的精神愉悦之美，从“探形”到“寻意”，直至“觅境”，中国古代山水观的发展变化之快，也是文明发展变化之快，令人叹为观止。

1.4.2 中国现代山水观

中国现代独特的山水观造就了中国人的行为观、价值观和逻辑思维方式，是中华民族精神品质的重要载体。中国现代山水观侧重于精神层面的审美境界，与其说是一种观念表达，不如说是方法论的探究与应用。现代设计中所体现的山水观之一，是在多元的文化中，保持本土个性的发展，探求共性，既保持其独特性，又推动其跟随时代潮流发展、演变、升华。商业化的现代设计行为，在如何产生精神共鸣的问题上，是中国现代山水观方法利用的重中之重，中国“山水城市”品牌、记住“山水乡愁”“精神山水”等，都是中国现代山水观的发展所延伸的理念观点。

“山水城市”是钱学森于1990年首先提出的，是在中国传统的山水自然观、天人合一哲学观基础上提出的未来城市构想。1992年，钱学森在给顾孟潮的信中第二次提出了“山水城市”的概念，发扬中国园林建筑，特别是大规模园林，如颐和园、承德避暑山庄等，把整个城市建成一座大型园林，并称之为“山水城市”，人造的山水。1993年，在钱学森的倡议下，在首都北京召开了关于山水城市的第一次座谈会，为山水城市的发展奠定了坚实的基础。随着理论与实践的不断发展和完善，山水城市也有了更多元的定义，狭义的山水城市是指“有山有水”之城，而广义上的山水城市则是“自然生态”之城。

2013年12月，中央城镇化工作会议指出：“要依托现有山水脉络等独特风光，让城市融入大自然，让居民望得见山、看得见水、记得住乡愁；要尽快把每个城市特别是特大城市开发边界划定，把城市放在大自然中，把绿水青山留给城市居民；要注意保留村庄原始风貌，慎砍树、不填湖、少拆房，尽可能在原有村庄形态上改善居民生活条件；要传承文化，发展有历史记忆、地域特色、民族特点的美丽城镇。”2018年9月，《乡村振兴战略规划（2018—2022年）》发布，再次提出“留住乡愁记忆，满足人民日益增长的美好生活需要”“重现原生田园风光和原本乡情乡愁”。中国现代山水观中的“山水乡愁”，涉及人们的生产、生活、生态等空间的设计，与山水城市比较，更为细致，落实到了空间的方方面面。

中国现代的山水观，充分发挥了人的主观能动性，建筑的山形意象，动水意象，山水建筑符号的呈现，是“山水精神”的应用，建筑师对建筑的外向表达，将建筑与山水景观融合，使人居于所，如同置于山水园林之中，这是“精神山水”的养料汲取，是“山水精神”的价值外化。

1.5 山地景观与西方山水观

西方传统山地园林景观有着悠久的历史，在东西方自然科学的不断发展中，西方人从崇尚“人的绝对自由”的观念中走出，渐渐走向尊重自然，深化对自然理解的方向。专家学者们在景观建筑学和城市规划学研究领域，不断探索着如何协调人与自然的关系，寻求和谐的人与自然的相处之法。

约翰·O·西蒙兹在其《景观设计学》一书中，对地形微气候及地形的处理手法做了简要论述。并表明，真正的设计方法源于这样一种认识，那就是规划只对它所服务的对象具有意义，应最大限度地给人们带来便利、融洽和乐趣。

诺曼·K·布思在其《风景园林设计要素》中提出，地形是所有户外活动的基础，同时在设计的运用中，地形既是一个美学要素，又是一个实用要素。它直接影响着外部空间的美学特征，人们的视野和空间感受，是在设计过程中首要考虑的因素之一，并从风景园林学、美学功能角度对台阶、坡道的不同功能特征及设计原则进行论述。

克罗基乌斯所著《城市与地形》一书探讨了在复杂地形下城市建设所面临的问题，概述了地形对布置建筑、构筑物、交通、环境、城市艺术方面都有影响，书中着重论述了在复杂地形下处理城市结构的合理方案。

杨·盖尔的《交往与空间》对人类如何使用街道、人行道、广场、庭院、公园等公共空间，以及规划与建筑设计如何支持或者阻碍社会交往和公共活动，进行了广泛的分析研究，论述了日常社会生活对物质环境的特殊要求，提出了创造充满活力且富有人情味的户外空间的有效途径。

西蒙·贝尔的《景观的视觉设计要素》一文中介绍了关于视觉设计的基本原理：基本要素、变量与彩色插图、组织，并做了案例分析。其讨论了组成景观的所有基本要素，每个基本要素可以有多种方式的变化，它们还可以组织成各种格局。

第2章

西湖风景名胜区山地景观的概述

西湖风景名胜区位于浙江省杭州市市中心，以秀丽的湖光山色和众多的名胜古迹闻名中外，是我国著名的旅游胜地，被誉为人间天堂。景区总面积59.04平方千米，其中湖面6.5平方千米，以湖为主体，旧称武林水、钱塘湖、西子湖，宋代始称西湖。由大量乔灌木组成疏落有致、大小不同的空间，以植物造景为主，辅以亭、台、楼、阁、廊、榭、桥、汀。

西湖风景名胜区属于亚热带季风性气候区。一年四季温和湿润，雨量充沛，光照充足，季节变化明显。年平均气温16.2℃，夏季平均气温28.6℃，冬季平均气温3.8℃，相对湿度较大。“一山、两堤、三岛、五湖、十景”可以完全概括西湖风景名胜区的特点，环绕西湖的山体高度除412米高的天竺山之外，其余山地高度都不超过400米，其中北有美人峰、北高峰、状元峰、灵峰山、将军山、美女山、老和山、栖霞岭以及宝石山等组成的北山，南有棋盘山、天马山、鸡笼山、南高峰、青龙山、玉皇山、凤凰山以及吴山等组成的南山。此外，还有西湖西面一带的五云山、方西山、龙门山、竹竿山、严家山、丁家山、桃桂山等山峰。南北山峰遥相呼应，峰奇石秀，直插云霄。而其中山地和水域地就占整个西湖风景名胜区的75%左右，可以说，西湖风景名胜区是十分典型的山地景观。

本章以杭州西湖风景名胜区山地景观为例，探讨西湖风景名胜区山地景观的形成历史及其在城市发展中的地位与功能，西湖风景名胜区山地景观与城市的形态关系演进和对城市地域文脉的贡献。

2.1 西湖风景名胜区山地景观的形成历史

2.1.1 西湖风景名胜区山地景观的成因

在关于西湖成因之谜的诸家学术探讨中，唐宋年间首先提出西湖是由海湾演变而成的观点，1909 年日本人石井八万次郎在《浙江杭州附件地质调查概报》中将西湖定义为“火山岩阻塞湖”。1921 年，竺可桢提出西湖是一个潟湖之后，这个理论基本占据了学术的主导地位。而学者徐建春经过研究后，提出古太湖河口湾遗迹构成说，推翻了以上各家的论点。古太湖河口湾遗迹构成说表明：距今 6 500 年以前海面较高的时期，杭嘉湖平原西侧与山地丘陵交接处，有一河口湾，从太湖往南经湖州、德清、余杭，在杭州一带汇入杭州湾，当时古河口湾的宽度足以和现在的杭州湾相比。后来，随着苕溪、钱塘江所挟泥沙的沉积作用，特别是钱塘江喇叭口在距今 6 000 年前开始形成，从而使沿江地势比内陆还高，使得从太湖往南而来，在杭州附近汇入杭州湾的河口湾变窄、淤浅，后又随着杭嘉湖平原东南地区地形不断提高而“被迫”改向，往北流入太湖并逐段湮废。如今在河口湾的所在地可发现埋藏的泥炭层，就可视为河口湾废弃后先形成一个个湖泊，再由湖泊沼泽化后留下的证据。因此，徐建春提出这一新说的结论是：杭州的大多数湖泊，如西湖、古荡、临平湖、沼息湖、泛洋湖等都是这条河口湾湮废之后留下来的水体，而且早期运河也很可能就是利用这些水体略作疏浚而形成的。《水经注》等一些历史地理古籍也都提供了相当的佐证。

此外，也有学者从新构造运动的角度解释西湖风景名胜区山地景观的成因。虽然西湖的形成离不开海面升降、泥沙淤积等多因素联合作用，但新构造沉降作用同样不容忽视。从西湖的轮廓可推断出：它可能是一个沉降断块，在倾俯向斜层前方的构造沉降区域内，局部有更大的沉降幅度。基于此，新构造运动区域差异也显示着以下不同性质山地景观的分布。

相对强烈上升区内的山地景观：天竺山、琅珰岭、北高峰、五云山等以游山为主；云栖、九溪、梅家坞等则属谷地探幽。特点是山高、谷深，且地层全为泥盆系坚硬的石英砂岩。

一般上升区的山地景观：玉皇山、虎跑、龙井、灵隐飞来峰等。特点是山势较低，且石灰岩地层出露多，有大量山洞与岩溶景观。

升沉过渡的低丘陵区山地景观：玉泉、花圃、灵峰、盖叫天墓、东老岳、老之江大学等。特点是都在古土阶地上，地形起伏平缓，土层深厚，适于绿化造林。

沉降地区山地景观：柳浪闻莺景区、湖滨景区、湖中景区诸处；吴山景区、宝石山景区、孤山景区诸处。后三处景区均属地面沉降后残留的低丘，为石质山地，但起伏小，受侵蚀少。沉降地区由于地面平坦、交通便利、人文活动多，故景点密集。

西湖风景名胜区的山、水空间随着历史的发展不断变化，其主导成因仍是大自然的鬼斧神工，随着经济社会不断发展，城市的发展也对其造成了一定的影响。总体而言，可以从以下三个角度描述西湖风景名胜区山地景观空间的演化历程。

（1）自然空间景观为主。西湖风景名胜区山地景观最早出现在文献记载中，起源于秦汉至南北朝时期，初步形成在隋唐五代，并在南宋时期进行规划建设，最后逐步发展至今。在整个历史发展过程中，西湖山地景观因为在城市中地位较高，因此人为破坏较少，随着时间的推移，逐渐形成“一湖、三岛、两堤”的整体景观格局。

（2）自然景观与人文景观矛盾时期。自中华人民共和国成立以来，在城市向工业化转化的同时，作为城市生活物质精神载体的环境空间与城市生活模式之间产生矛盾，虽然西湖风景名胜区的建筑空间环境在形态布局上并没有出现较为重大的调整，但是整个空间环境所要表达的意蕴已经开始慢慢变化，而道路格局为了城市的工业化发展进行了最大化的调整新建，原有的山地景观空间从某种程度上来说已经被改变。

（3）发展完善时期。社会变革导致杭州城市空间环境形态发生根本性变化，原有城市格局被推翻重新布置，以前未开发的自然资源得到了开发，新的城市规划提出了全新的城市规划格局。在西湖风景名胜区周边区域，自然景观空间与城市空间相互交织融合。

2.1.2 宋代以前西湖风景名胜区山地景观格局的产生及其历史演变

据《史记·秦始皇本纪》载："三十七年十月癸丑，皇出游……过丹阳，至钱唐，临浙江，水波恶，乃西百二十里，狭中渡。"这是钱唐之名最早见于正史记载，也说明西湖与江海还是连成一片的。《淳祐临安志》载："旧传西湖本通海，东至沙河塘，向南一岸皆大江也。""钱唐旧治武林山，犹云逼江，则今之湖因与江通也。"

西汉承秦制，杭州仍称钱唐。新莽时一度改钱唐为泉亭县；到了东汉，复置钱唐县，属吴郡。这时杭州农田水利兴修初具规模，并从宝石山至万松岭修筑了第一条海塘。《水经·浙江水注》引刘道真《钱唐记》载："防海大塘，县东一里许，郡议曹华信家议立此塘，以防海水。"西湖开始与海隔断，成为内湖，至此，西湖山水格局产生。此后便在此基础上形成了西湖山水景观格局。

2.1.3 宋代西湖风景名胜区山地景观格局的产生及其历史演变

杭州在北宋时期已是东南第一等大城市。仁宗皇帝有诗云："地有湖山美，东南第一州。"欧阳修在《有美堂记》中载："若四方之所聚，百货之所交，物盛人众，为一都会，而又能兼有山水之美，以资富贵之娱者，惟金陵、钱塘。"北宋著名词人柳永的《望海潮》同样对当时杭州的繁华和湖山秀丽的景色进行了描绘。这都说明，北宋的杭州在吴越国的基础上又进一步建设，已是一个繁华美丽的城市。而宋室南渡，偏安江左，这又使"东南第一州"成为全国政治、经济、文化中心。南宋成为杭州历史上最辉煌的时期。

北宋时期，苏轼任杭州知府，指挥20余万人利用疏浚西湖时挖出的淤泥和葑草来修筑长堤，并采用桃柳间植的形式进行植物种植以保护堤岸。"西湖景致六条桥，间株杨柳间株桃"便成为对长堤的真实写照。长堤的修筑进一步改善了西湖的景观风貌，杭州人民为纪念苏轼为百姓造福，将其称为"苏堤"。在南宋时期形成的"西湖十景"中，"苏堤春晓"作为十景之首，深受游客的喜爱。南宋时期，定都杭州，繁荣的经济和文化发展也加速了西湖风景名胜区山地景观的设计建设，推动其发展。

宋末的西湖历经晋、隋、唐、北宋、南宋等朝代的相继开发、建设，已经相当于一个特大型公共山地景观。总体看来，景观的分布主要以西湖为中心，南北两山环绕。借助湖山为背景，采取分段聚集，或依山，或滨湖。除滨湖地带的园林，山地园林主要依托南、北山系延伸，其中包括湖中的孤山。

2.1.4 元、明、清西湖风景名胜区山地景观格局的产生及其历史演变

1271年元朝建立。元朝政府认为，南宋亡国在于佚乐湖山，为前车之鉴，将西湖废而不治。西湖堤岸坍毁，湖中长满葑草，一片荒芜。元兵入侵，大内御苑随同皇城的毁灭消失殆尽。聚景园、后乐园、南园等名园，在这苍烟暮色中荒芜。有的虽至清代尚有遗迹，只留存残屋颓舍。盛极一时的南宋临安园林，只保存在史籍、诗歌、图画和人们的记忆中。元代刘秉忠曾作曲《干荷叶》，通过对西湖景色的描述，表达了一种凄凉感慨的情怀："南高峰，北高峰，惨淡烟霞洞。宋高宗，一场空。吴山依旧酒旗风，两度江南梦。"

1368年，明王朝灭元，建都南京，1421年迁都北京。明初和元朝一样，对西湖也不加修整，西湖渐渐变为平田、野畈。西湖历百年未经整治，致使苏堤六桥之西全部变成了池、田、桑林，濒湖下游时常遭旱。郡守杨孟瑛于1508年（明正德三年）修治西湖，拆毁被占田荡约2.3平方千米，使西湖湖面基本恢复唐、宋时周围三十里的旧观。

清王朝为彻底镇压江浙一带人民的反清斗争，于1650年（清顺治七年）下令把杭州城西紧连西湖一带大片土地圈划出来，并在北、东、南三面（大体上从现在的六公园向东，至众安桥附近折向南下，在官巷口附近转往西，直达西湖）筑起一道高6米多、厚2米的围墙，全长近4.5千米，形成了一个占地90多万平方米、与墙外居民隔开的"旗营"。清朝执政期间也曾对西湖进行过断断续续的修治。康熙第一次到杭州，地方官吏对西湖进行了一次疏浚，并在孤山建行宫。清朝对西湖最大的一次整治，是雍正年间（1723—1735年）李卫、王钧对西湖的兴修。雍正时，西湖葑草日长、沙泥淤浅。最大的外湖，亦已"十之七八"将变成稻田。浙江巡抚李卫、浙江盐驿道副使王钧，历时近两

年，耗费36 700多两白银，在府治尚能控制的11千米西湖旧址内进行了疏浚。

据清《西湖志》记载，孤山、玉泉山、宝石山、葛岭、栖霞山、仙芝岭、灵隐山、南屏山、夕照山、九曜山、方家峪、大慈山、赤山埠、凤凰山、包家山、慈云岭、玉皇山、万松岭、九溪十八涧、虎跑、南高峰、灵隐山、吴山、凤篁岭等山地及湖滨、湖中心地带的规划发展，已经达到了一定程度的成熟阶段。

2.1.5 近现代西湖风景名胜区山地景观格局的产生及其历史演变

1840年鸦片战争爆发，揭开了中国近代史的序幕。1860年和1861年，太平天国起义军两次攻克杭州城池，在与清军的激战中，西湖名胜古迹遭受重创。清同治五年（1866年），西湖钱王祠、苏公祠、白公祠重建。1911年11月，杭州"光复"。作为清政府在杭州的武力支柱旗营，随之覆灭。同时开辟了新市场，修造了湖滨路等城市道路，形成了最初的路网格局。1929年6—10月，杭州举办了第一届西湖博览会。在战火的洗礼下，西湖见证了中国近代历史的变迁，其本身也受到社会变迁的巨大影响。中西文化在西湖产生剧烈碰撞，1929年的西湖博览会是西湖历史上的一件大事，新的思想和技术有力地推动了西湖声誉的传播。西湖白堤、苏堤拱桥改为平桥，并且开通了从湖滨到灵隐的汽车。雷峰塔的倒塌使得西湖园林中著名的十景之一"雷峰夕照"不复存在。

1999—2003年，西湖进行了中华人民共和国成立后第三次大规模疏浚，并进行了西湖综合保护工程，包括湖滨新景区综合整治、环湖南线工程和西湖湖西综合保护工程，恢复了西湖杨公堤和湖西大块水面。2007年又增添"西湖新十景"，主要分布在距离西湖较远的群山峻岭之中，山因水清，水因山绿，山水辉映。湖滨晴雨、北街梦寻靠近西湖岸堤。"西湖新十景"或可代称外环景色。

中华人民共和国成立后，《杭州西湖风景名胜区总体规划》的编制工作一直在进行。1961年，南京工学院编制了《杭州西湖山区规划》；1974年，杭州园林局拟定了《杭州西湖风景区现状及规划设想》；1978年，由杭州市政府组织人员编制《杭州市城市总体规划》，1981 年正式上报，1983 年 5 月经国务院批准，附于《杭州西湖风景名胜区总体规划》的《杭州市园林绿化规划》，其主要内容是西湖风景名胜区规划；1987 年，根据国家建设部对风景名胜区规划管理的要求，杭州市园林文物管理局组织人员并邀请各方面专家学者研讨，经过几年的努力和修改，重新编制了《杭州西湖风景名胜区总体规划》，通过了全国风景园林界专家会审并获得较高评价。《杭州西湖风景名胜区总体规划（2002—2020 年）》修编工作于 2000 年年初开始。该规划在 1987 年编制的《杭州西湖风景名胜区总体规划》的基础上，通过资料收集、整理、统计、汇编，并多次讨论、评审和反复修改，历时两年才告完成。

2.2 西湖风景名胜区山地景观在城市发展中的地位与功能

2.2.1 西湖风景名胜区山地景观奠定杭州历史文化名城的发展基础

杭州之所以被称为人间天堂，很大一部分原因在于杭州有西湖。在山地景观占比高达 75%的西湖区域，其所承载的景观资源、历史文化资源是难以计数的。历史上，东汉时修筑钱唐，西湖得以形成。唐时修建的六井及以后西湖山地景观的整治提升，为城市的发展创造了条件，使得杭州经济日渐繁荣，人口迅速增加，也正是如此，南宋才会定都杭州。西湖风景名胜区山地景观的资源优势，带来了经济上的快速发展，一方面资源优势加速城市的建设发展，另一方面山地景观与城市文化不断融合共生。西湖的山地景观与人们生活相互交融，诗词名家为其撰写诗词歌赋，为其编著典故和美好故事，因此西湖作为文化底蕴深厚的景区，文化古迹、民间传说众多，白娘子与许仙的传说家喻户晓，断桥、雷峰塔也闻名遐迩。可以说，西湖风景名胜区山地景观的存在，本身就是最大的优势，再加上古城风貌、历史胜迹、富春新安、钱塘名人、文化精粹、传统工艺、特产风味等的发展，共同奠定了杭州作为历史文化名城的基础。

2.2.2 西湖风景名胜区山地景观奠定杭州著名旅游城市的重要地位

早在 1982 年，西湖就被确定为国家重点风景名胜区，1985 年被评为“中国十大风景名胜”之一。人们常常把杭州的西湖和瑞士日内瓦的莱蒙湖比喻为世界上东西辉映的两颗明珠，有了西湖，才使杭州成了“世界上最美丽华贵的天城”。“天下美景三十六，其中最好是杭州”，杭州的知名度越来越高，西湖已经无须宣传，全世界的游客都把杭州作为旅游目的地之一。西湖作为世界文化遗产、国家5A级景区，山地景观的全方位开放，引得海内外到访者络绎不绝。

从古至今，西湖有过三次旅游高峰期。第一次高峰期发生在南宋，早在唐朝，西湖旅游就已初具规模，湖光山色成为文人雅士题咏的对象。北宋时期杭州发展成为“东南第一州”，城市的发展促进了西湖文化景观的发展，特别是熙宁、元祐期间，苏轼两次任职杭州。他上疏朝廷，要求拨银，疏浚西湖，筑成苏堤，十分巧妙地在山与水之间架起了联系通道，使得山地景观的视觉美感得到了充分体现，增添了西湖如画的秀色，还写下了许多赞美西湖的诗篇，给后人留下了宝贵的精神财富。杭州终成国内著名风景城市，也逐渐迎来了南宋西湖旅游的高峰期。第二次高峰期发生在清康熙、乾隆盛世时期，康熙、乾隆二帝12次南巡，其中有11次驻跸杭州。康、乾二帝游览西湖，进一步促进了西湖配套设施的完善，也激发了规划建设者从更全面的角度设计和展示西湖山地景观，增设许多游船，在山地景观之间架设了更多的联系和观赏通道，使西湖锦上添花，其吸引力得到了进一步提升。第三次高峰期是改革开放新时期。随着旅游环境品质的提高，设施的完善，交通便捷度的提升，人们对美好生活追求的提高以及对山地景观更为系统的规划设计，使得西湖奠定了杭州旅游的重要地位。

2.2.3 西湖风景名胜区山地景观是杭州城市“公园化”发展的形象展示

放眼古今中外，极少有城市在发展的过程中，一直保留大面积的河流湖泊，甚至在之后的经济社会发展中，面积并未减少反而还扩张的景象。而杭州城与西湖风景名胜区之间的山水、城市空间关系，极好地体现了杭州城市“公园化”发展的趋势。

“西湖入城”是杭州十分突出的特征。顺治七年（1650 年），清政府在杭州建旗营，置镇守将军署，总占地 1 436 亩，从涌金门绵延到钱塘门，将杭城与西湖隔开。辛亥革命后，政府拆除旗营，制订新的都市计划，其中有营造公园。“拆旧建新，不仅使西湖与杭州重新合而为一，还让湖滨地段后来成为杭州的繁华闹市”，杭州人称“西湖入城”。

1952 年 10 月，西湖风景名胜区五年规划设想提出：利用整个西湖以及沿湖的山区地带，造成具有统一性的大规模的天然公园。总体以民族形式为主，同时在色彩上力求明丽愉快，在布置上力求广大开朗。时任杭州市建设局局长、杭州市园林局局长等职的余森文先生是 20 世纪 50 年代西湖园林建设的主要实施者，他认为刘庄、汪庄包括丁家山、夕照山等处占了环湖三分之一的风景名胜园林绿地，是西湖园林风景的精华，也是中国传统园林艺术继承与创新的典范，体现了杭州园林的特色。在他的领导下，英国自然风景园和中国传统山水园林相结合的花港观鱼公园与具有科学内涵、园林外貌的杭州植物园相继建成，西湖经历了一场“公园化”改造运动，稳步向具有民族特色的“一个环湖的大花园”目标迈进，也促使杭州城市向“公园化”发展。

随着人民对美好人居生活的追求不断上升，从满足物质生活的需求渐渐转向满足精神生活的需求，城市整体风貌是否宜居舒适，是人们幸福感来源的重要依据之一，西湖风景名胜区山地景观与杭州城逐步发展成“湖—城”一体的形式，城市逐步从以居住、工作为主的功能转向更为适配的居住、休憩的公园化状态，西湖风景名胜区山地景观“山城一体化”的趋势，无疑是杭州城市“公园化”发展的形象展示。

2.3 西湖风景名胜区山地景观与城市的形态关系演进

从古至今，在诸史料文献乃至诗歌典故中都能看到杭州人民的生活与西湖紧密联系着，人们的工作、生活、休憩、交通等活动，大都依赖西湖，其自身优厚的资源优势，充分发挥了杭州城独特的区域优势，为人们的生活带来丰富多彩的体验和变化。从西湖与杭州城市的关系着眼，可从三个大的时间分期考察西湖的外在空间变化。

2.3.1 分隔完形期（宋—清）

基于地形地貌变迁推论、文字记载与绘图证据，已知西湖“二堤三岛、三面云山一面城”的空间形态，是在历经长期、反复、多次、以疏浚为主要目的的建设基础上形成的。疏浚和治理由各个朝代的地方官员（白居易、苏轼、杨孟瑛、李卫等）主导推进，他们不仅将自己对山水风景的理解移植到西湖——从宋代苏轼筑堤时“夹道杂植花柳，置六桥，建九亭，以为有人观赏驻足之地”开始，到清末演变为疏浚与造景并行的方式；还通过创作诗词书画咏唱西湖，使得西湖成了广为人知、文人墨客所崇尚的山水风景原型（典故），也是清代皇帝巡幸必访的、享有盛名的风景名胜地。

在西湖获得基本完形的漫长时期，其依附的杭州城也历经城墙重建、城市结构调整等变化。但是由于大部分时期城市处于城墙围绕的状态，除了城市中心不断向西湖一侧迁移的变化，西湖始终与城市保持着显著分隔。城市形态自身按规划发展，西湖景区主要依靠自然的修饰完善留存。

2.3.2 城市化改造期（1907—1976 年）

对西湖风景形态产生较大影响的城市化建设始于清末，由西湖与城市关系的巨变所引起。以 1911 年辛亥革命后“拆撤旗营”为契机，杭州城西面城墙被打开，创造了西湖与城区直接相邻并置的条件。利用这个机会，地方政府有计划地通过 3 次近代城市规划建设的尝试（分别是 1914 年的“建设新市场”，1920 年的“建筑西湖环湖马路之计划”，1922 年提出计划并在 1927 年具体实施开办的“西湖博览会”），将近代城市化建设从杭州城与西湖紧邻的湖滨地区开始，逐渐延伸并扩展到西湖全域。西湖建设获得与城市良好的接续关系，被纳入杭州城区，成为构成现代“城湖一体”城市骨骼的重要构成部分——城市风景区。基于此，人们的参与度大大增加，不仅是欣赏感受西湖山地景观之美，更是投身建设之中，为历史文化传播、城市美化宣传、地区基础设施完善等奉献力量。

随后的1932—1976年，西湖始终作为城市风景区被纳入规划建设，其中公园、休疗养宾馆等具体项目的不断落地和建成，使西湖一侧的城市化空间要素不断增加，旧有风景意象不断弱化。到了末期，空间形态遭受了较大的破坏。

在城市化改造时期，人们对自然环境与城市建设之间的平衡难以把握，主要基于满足人类生存生产需求的前提，对自然进行改造，甚至是破坏。人地和谐、可持续发展的理论还未系统形成，导致对西湖风景名胜区山地景观的建设处于十分矛盾的地步，规划不系统、不够科学，城市建设对西湖整体形态风貌的影响和波动较大。

2.3.3　恢复与保护期（1976—2007年）

20世纪70年代末期，西湖一侧开展了恢复性建设。1984年，基本恢复了西湖的空间格局，并在一些旧址上建设了新近代初期城湖一体化时期的规划建设主题文化景观景点。这轮恢复建设的成果主要反映在1983年评选的“新西湖十景”中。而同一时期，由于改革开放带来的经济发展，杭州城市也进入了高速建设期。1978—1983年，触发了几次关于是否应在西湖景区内建设高层旅馆的决策论争，政府并因此注意到城市化改造与城区内建设会对西湖风景带来负面影响，认识到保护西湖的必要性，开始运用规划的手段加强保护。

之后，由于2000年西湖申报世界文化遗产的决定，西湖的恢复和保护工作得到了进一步推进。2002年在完成西湖风景区保护规划的同时，全面展开西湖综合整治与保护工程。这次建设除开辟6条隧道，进一步加强了城湖联系的空间结构性调整外，还外迁并拆除了许多前一时期进驻西湖的单位和建筑，通过考证开辟了西湖西侧淤积部分，向西拓展水面，修复了环湖多处老建筑，复原了多处旧址。这轮建设的成果集中体现为2007年评选的“新西湖十景”，并通过2011年西湖世界文化遗产的成功申报，将这些成果划入保护区范围内得到认定与保护。

随着历史文化保护的重要性不断提升，人们对历史考察的程度不断细致化，西湖风景名胜区山地景观的价值不断提高，其在城市整体发展中的地位愈加上升。这个阶段以保护提升为主，出现了城市建设退让遗产保护的情况，为充分发挥西湖风景名胜区山地景观的美学、经济学、生态学等诸方面的优势，城市开始控制西湖周边的建筑高度、周边功能组团等，助力西湖良性发展。

通过对以上三个时期的梳理可以看到，伴随着杭州城市的发展，西湖从未停止在空间形态上的变化，而其风景特征也不断通过各个时期和阶段造景活动进行巩固强化并获得进一步的发展，西湖风景名胜区山地景观建设与发展和城市形态发展变化息息相关，相互影响。

2.4 西湖风景名胜区山地景观对城市地域文脉的贡献

2.4.1 西湖风景名胜区山地景观为城市地域文脉创造了独特的语言符号

杭州西湖作为“关联性文化景观”（associative cultural landscape）于 2011 年 6 月被列入世界文化遗产名录。文化景观是 1992 年联合国教科文组织世界遗产委员会于第 16 届会议时提出并纳入《世界遗产名录》的第四类世界遗产。作为关联性文化景观遗产，杭州西湖本身包含了大量神话故事、地方传说、名人逸事、历史事件等文化叙事，文化内涵丰富。

语言符号是一种重要的文化叙事工具，特别是对于关联性文化景观而言，大量的神话、传说、故事、事件由于年代久远或脱离日常生活，依托语言符号的产生并存在。

从旅游体验的内容和手段来看，整个旅游体验过程可以说是一个解读符号的过程。Mac Cannell 最早将符号学引入旅游研究，他把旅游吸引物看成一个符号系统，其中标志（即关于旅游吸引物的信息）是符号的能指，而景物则是符号的所指。近年来，旅游吸引物的符号叙事研究呈现两大趋势：一是随着互联网在旅游营销中的作用日益增强，学者们加强了“网络文本”的符号学分析；二是随着文本分析软件的出现，定量研究逐步成为研究的主流。

学者通过对杭州西湖的旅游体验叙事文本分析，得出杭州城市旅游发展与西湖山地景观的独特语言符号。内容特征是“浪漫故事与诗意天堂”，构成了杭州西湖旅游体验叙事语言符号的两大核心内容。“白娘子”“许仙”“断桥”“雷峰塔”“故事”“爱情”“传说”等语言符号排名靠前，表明白娘子与许仙的浪漫爱情故事在旅游者体验中的重要性。对旅游体验叙事语言符号词频分析的结果也在一定程度上印证了这一观点。“苏东坡”“白居易”“苏小小”“西子”在人物语言符号中排名靠前，说明旅游者对诗人及其诗意作品有着特殊的偏爱。苏东坡和白居易都是著名的诗人，而且对杭州西湖文化景观的形成功不可没。苏小小被认为是充满浪漫主义色彩、敢爱敢恨的青楼才女，成为众多文学作品的创作素材，如白居易有诗云：“若解多情寻小小，绿杨深处是苏家。”西子、西施，则是因为苏东坡诗《饮湖上初晴后雨》中“欲把西湖比西子，淡妆浓抹总相宜”诗句，成为杭州西湖的重要文化符号。另外，旅游体验文本中出现频率较高的“荷花”“烟雨”“游船”“江南”“天堂”“美景”“雨中”“影子”等语言符号也均是中国传统诗词中常见的景物和意象。

语言符号意义关联则是“人间天堂的浪漫故事”。具体体现为“杭州”“苏杭”“天堂”“江南”“白娘子”“许仙”“断桥”“美丽”“湖边”“传说”“故事”等语言符号之间的意义关联。可以说，在西湖山地景观的孕育之下，衍生出无数城市文脉的独特语言符号，为杭州这座城市增添了神秘感和文化底蕴，吸引着无数游客竞相往来。

2.4.2 西湖风景名胜区山地景观承载着城市地域文脉的传承与发展

城市地域文脉的传承与发展离不开文化遗产这个载体。文化遗产是不可再生的战略资源，蕴含着中华民族的生命力和创造力，传承着中华民族的文化基因，体现着国家的文化软实力。在当前社会背景下，对文化遗产进行价值挖掘与合理充分利用，将促进教育、宣传、旅游、设计、出版等行业创新，推动区域经济的发展。

对中华文明的传承可以从内容和形式上进行符合时代又不失其内涵的挖掘和利用。而一切文化遗产又都具有物质层面和精神层面的意义。只有充分解构文化遗产的物理本体元素，理解文化遗产的精神核心元素，才可能与时俱进。任何为了传承而传承、为了创新而创新的举动，都将失去文明的主体性，丧失文化的自信心，不可能得到真正的传承和创新。当下通过发展文化产业的方式，点亮中华民族的心灵世界，为中华文化的普及传播创造心灵的动力，是当下社会的需求、国家的需求、中华民族的需求，也是人民最迫切的需求。

随着国家文化文创战略的推行，以及全国各地数字博物馆项目的推进，当前文化遗产研究的重点已经逐步从面向单一孤立遗址的重建与呈现，转为探索具体文化氛围和历史空间背景下的文化遗产一致性整理、发掘、展示与利用。

西湖风景名胜区山地景观丰富的历史文化遗产，是杭州发展的巨大资源，同时要求打造高品质的价值意义，也带来了重大的责任和不小的压力。在历史长河中，对西湖风景名胜区山地景观的物质层面和精神层面意义的挖掘持续不断，延续至今。文人墨客对西湖赋词诵诗，从事艺术的人们从这里获取灵感，升华舞台，享受生活。西湖文化景观的物质表象包含了自然山水特征、城湖空间关系、“两堤三岛”格局、传统风景建筑和特色园林植物等。然而和许多文化遗产不同的是，大部分博物馆都依赖于“文物”本体价值，而西湖文化景观的精神内涵是西湖文化景观价值的根本所在，反映了人与自然的和谐统一，体现在湖光山色的秀丽旖旎以及人文传说的梦幻奇妙之中，蕴含了唐宋佛教的禅宗文化、血缘社会的忠孝文化、文人雅士的隐逸文化，这就是西湖景观特有的文化特质。

2.4.3 西湖风景名胜区山地景观促进城市空间、景观、文化的交融

西湖风景名胜区山地景观的形成与演变发展和城市空间建设发展息息相关，使原来分割的山地景观逐渐融入城市空间，并在人们的生产生活活动的影响下，蕴含更丰富多彩的人类文明，人类也从西湖风景名胜区山地景观的自然风光之中获取文化创作的灵感，推动文化的传播和发展。可以说，西湖风景名胜区山地景观在城市空间发展、景观建设、文化传承中扮演着举足轻重的角色，是空间、景观和文化之间的桥梁和纽带，促进三者互相影响，和谐交融。

在山地景观中，山谷一般作为山体与平原相连接的部位，地势相对平缓，但周围一般由山体围合形成较为封闭的景观空间。这样的空间一般较少作为景观点的选址，但是也可以根据具体的地形环境设置架空型的景观元素，以达到

相应的景观效果。如凤凰山景区北麓山谷，由于其靠近城市公路，虽然山谷地势较为平坦，但是由于其封闭性并不容易营造景观空间，所以这个山谷空甸就仅仅作为万松书院的售票入口来设计，并投有突出或引人入胜的景观吸引游客。且在这样的山谷地段，一般都作为交通路线使用地块，方便从平面上联系各个景区之间的空间。

西湖风景名胜区山地景观空间构成与游赏利用研究中，吴山景区位于西湖东南，钱塘江以北，主要由紫阳、峨眉等十几个山头组成，其主要走向由西南到东北。吴山三面临城，因此造就了其独特的地形。2008 年，《吴山景区控制性详细规划》中将吴山景区划分为戒河街坊景观群、伍公山景观群、城隍阁景观群、阮公祠景观群、三茅观景观群、革命烈士纪念园区、云居山风景林、贺家山风景山林区等几个景观区。其景观元素丰富、类型众多，可以满足不同人对景观的审美要求。在虎跑山、玉皇山与青龙山交界的山谷地段，并没有设置景点，而更多地建造一些商业用途的酒店、旅舍等供游客住宿。其内的水体元素、植物元素以及封闭包围式的空间元素都没有得到良好的利用，仅仅作为连接各大景区的交通枢纽地带和补给地段，注重其经济适用性，缺少一定的景观设计，造成了资源的浪费。

而山坡作为山顶和山脚的过渡区域，有着一定的坡度和较为丰富的地形地貌特点，其自然景观空间层次多变，且植物种类繁多，使得山坡作为西湖景观的重要组成部分，吸引着游客深入山林，探寻胜迹。如位于凤凰山北万松岭上始建于唐贞元年间的万松书院，依山势而建的台阶步道，将游客从山谷缓慢引入山腰的景点之内。其内建筑风格统一，建筑形制多样，既有牌楼、大殿、学堂等功能各异的建筑人文景观，又有古代文人墨客的历史文化传承，还有梁山伯与祝英台的民间传说故事。这都使万松书院在景观层面上极具观赏性，并且在精神层面上丰富多彩。正是这样的自然环境与人文环境，造就了万松书院独具一格的山坡趣味景观。

位于西湖棋盘山与龙井山山坡的景观群，将山体高低起伏的地势和空间结合起来，创造了良好的景观效果。沿龙井路向东南山体而上，途经具有红色纪念意义的浙江辛亥革命烈士墓，龙井山东北部山谷中的龙井八景，以山涧、清泉、奇石为特色的龙井寺等，整个景观空间以山坡—山谷—山坡的序列为主，结合地势地形以及景观资源，营造出寓意风格不同的景观空间，呈现山水之胜、林壑之美、茶饮文化与佛教文化的特色之美。

总体而言，西湖景观格局以“内聚式”为主，其中山地景观形态与空间的营造具有一定的包容性。《建筑：形式空间和秩序》一书中提出：空间有秩序而缺少变化就会流于单调平庸；有变化而无秩序就会显得杂乱难解。山地景观空间秩序从狭义上来讲，是指物质层面上构成景观空间各个元素之间的组织关系。而从广义上来讲，包括了物质与历史两个层面的序列，其中历史层面的序列即景观空间的文化传承与发展。山地景观空间序列包括各种空间关系，如远与近、高与低、连续与分离等，以及各种时间范畴，如前与后、四季变化更替、时代历史变迁。西湖风景名胜区的开端是“五湖两堤”构成的较为平缓开敞的景观空间，过渡区是处于山腰山谷的各种丰富景观，如龙井八景、万松书院等，高潮是处于西湖风景名胜区制高点的南北高峰、城隍阁、六和塔、保俶塔等，而结尾便是与城市衔接的半景半城的公园、植物园等地区。

2.4.4 西湖风景名胜区山地景观建设为城市地域文脉良性发展留下了丰富经验

西湖风景名胜区山地景观的建设历史由来已久，集结古人和现代先进科学理论，在建设开发过程中也为城市地域文脉的良性发展留下了丰富的经验。

就景观设计而言，西湖开发千年，已形成景观定势。人言西湖“大一点嫌胖，小一点嫌瘦”。西湖之所以“美如西子”，全靠山水配合的协调性。人为地扩大湖面，反而会破坏西湖的整体形象。又根据“湖水西进”提倡者的设想，要在新开湖面设置种种动态活动，更加不符合西湖历来“可静观而不可亵玩”的优美境界。西湖风景名胜区山地景观建设讲求的这种平衡感、协调性和韵律，是可持续发展观念的落实，由此衍生，西湖风景名胜区山地景观及其周边城市空间的建设都有很大的借鉴意义。此外，西湖风景名胜区山地景观建设中所运用的巧妙方式，在学界也有很大的学术探讨和借鉴价值，对城市中其他景观的规划设计有启发作用，能更好地推进学科发展，促进城市环境美化提升。

就西湖风景名胜区管理建设而言，实施综合整治后，景区部分公园和景点实行免费开放。实践证明，免费后带来的综合效应，使西湖这一公共资源真正实现了生态效益、经济效益、社会效益的最大化和最优化。从大处着眼，树立“大旅游”观念，整合旅游资源，把“门票经济”逐步转变为“产业经济”。同时，杭州市政府调整杭州西湖风景名胜区管理体制，成立杭州西湖风景名胜区管委会，将西湖风景名胜区内涉及的街道社区和农村交由管委会托管。杭州西湖风景名胜区管委会作为市政府的派出机构，代表市政府正式对西湖风景名胜区区域内实施统一管理，履行景区的保护、管理、规划、建设职能。实践证明，这一调整不但对西湖综合保护工程的顺利推进起到了很好的保障，也促进了对西湖的各项保护、管理和经营，这一风景名胜创新体制也被中国住房和城乡建设部积极推广。

就市民参与决策而言，允许景区原住民通过各种方式深入参与项目各个环节，原住民在项目实施的前、中、后期均提出了不少建议，为政府决策提供了参考，并对调节项目实施者与住户的关系起到了积极作用。西湖风景名胜区山地景观的设计，不仅在环境上提升了生活品质，同时积极邀请市民参与的行为，还有利于市民树立共同责任感，肩负起文化传播、传承的责任，提升参与感，获得更大的幸福感，从而为促进社会生产生活良性发展贡献力量。

第3章

西湖风景名胜区山地景观的类型及理论基础

西湖风景名胜区由多种多样的单元组成不同类型的景观类型，构成某一地域的环境特征。西湖风景名胜区山地景观类型丰富，主要为森林景观、道路景观、古树名木景观、村落景观、水体景观等，其中森林景观又分为疏林景观和密林景观。本章从理论基础的角度研究西湖风景名胜区山地景观，主要从美学理论、视觉设计理论、开放空间理论、景观生态学理论、景观格局理论、生态基础设施理论来论述西湖风景名胜区景观营造的方式。

3.1 西湖风景名胜区山地景观的类型

任何一种地理景观均由多种异质单元组成，在景观背景上构成镶嵌，其生态功能的发挥在很大程度上取决于这类异质镶嵌体的性质、尺度、形状、边界、分布格局以及与周围景观单元的关系。城市是以人工环境为主体的特殊地理景观，建筑和各类铺装的下垫面构成的城市硬质背景，成为控制环境的主体，绿地则是此背景上的斑块。在城市环境质量越来越受到关注的今天，许多学者都强调改善城市环境的最有效方法是增加各类绿地斑块，并尽量使其均匀分布。近年来，我国各地在城市建设和城区改造中都强调植树铺草，使城市环境有了明显的改善。随着这一过程的强化，提出了诸如城市绿地系统、生态园林、大环境绿化、城市森林生态网络体系建设等多种理论，而城市森林生态网络体系建设已成为城市环境建设的重要方面。

3.1.1 森林景观

3.1.1.1 疏林景观

西湖风景名胜区的疏林景观主要分布在柳浪闻莺公园闻莺馆前草坪、花港观鱼南入口草坪、孤山东麓草坪、茅家埠草坪、长桥公园草坪、太子湾逍遥坡草坪等景点中。

柳浪闻莺公园闻莺馆前草坪为L形景观空间，被枫杨林划分为三个小空间，使整体平面布局较为均衡。半开放空间和封闭空间的结合形成虚实对比，使景观层次更加丰富，加之水系贯穿其中，增添了一份灵动，缓解了大面积平缓地形的单调感。

花港观鱼南入口草坪位于公园东北部，北面为另一草坪空间，南面以常绿的广玉兰树带与红鱼池分隔。东西以密实的群落，南北以疏朗的乔木限定空间，中间两个组团再分隔内部空间，使空间层次更丰富，林缘线更曲折，以藏山阁所在的组团为主景，不规则的空间流动性强。花港观鱼南入口草坪分为多个组团，分布在南北两面，两两相对，限定了空间，形成长条形空间，东西临水，组成了一条透视线，但由于南北两侧的群落部分突出，缩小成两个小空间，将狭长的空间进行分隔，打破了单调感，同时隔而不断，加强了纵深感，使整个空间如流动的溪流，自由开合，也使林缘线更加曲折。

孤山东麓草坪东临西湖，西靠群山，形状狭长，近三角形的无患子和香樟组团将其划分成两个三角形草坪空间，使平面布局更合理，两个小空间以中间园路为界，相对独立。

茅家埠草坪位于茅家埠大水面的南侧，一面临水，地形由南向北微微倾斜，由6个组团沿园路布置，形成内向的长条形草坪空间，几个组团几乎连在一起，都应用了阻挡视线的中层，视线不通透，内向性强，给人幽静的感觉。植物主题体现秋季景观，向两端延续，9月黄山栾树相继开花、10月结果，11月银杏、三角枫、檫木陆续变色，接着茶梅开花，斑茅花序由红变白。

长桥公园草坪由3个草坪空间组成，以两条园路为界，相互之间有分隔又有交流，林缘线曲折，景深深远。空间之间的变化：各个草坪空间有交流，也相互独立。有空间西面临湖，设计成开放式，且3个群落林缘布置了花境，使主观赏面锦上添花。在场地北门视点，可见狭长的覆盖空间，群落作为端景和障景，使压抑的空间感进一步加强后豁然开朗，可见开阔的草坪，空间从暗到明的变化，先抑后扬。

太子湾逍遥坡草坪模仿的是英国风景式园林，植物配置简洁，南北以无患子和樱花搭配常绿草坪和郁金香色块，有浓郁的异国情调。在空间边界的处理上，以建筑和雕塑来形成焦点，在杂木林的林缘布置的欧式教堂成为整个空间的视觉焦点，在草坪边缘布置了一个钢制雕塑，与欧式建筑相平衡。除西面进行实隔外，其余以乔木树干进行虚隔。

疏林景观要确定草坪的空间感，或开阔，或封闭，营造出开阔的草坪空间，选用树形高耸、树冠庞大的树种，配置于宽阔的草坪边缘，同时留有一定的漏景面，草坪中间不宜配置层次过多的树丛，树种要求单纯，林冠线整齐，边缘树丛前后错落。如要创造出较为封闭的空间，则草坪面积小，以密集的树丛遮挡，同时周围也不宜开拓视野较为开阔的漏景面。

3.1.1.2 **密林景观**

西湖风景名胜区的密林景观分布在曲院风荷水杉密林、花港观鱼丛林区、花港观鱼港道区、太子湾西南部密林等景点中。

曲院风荷水杉密林位于曲院风荷西南，因地制宜，以大面积的水杉营造丛林景观，气势宏伟，体现了植物的群体美，是公园的安静休息区。这里绿树成荫、地被如茵，满眼绿色，形成清凉世界，在林中漫步，可感受到覆盖空间的私密幽静。水杉密林北面是草坪和水池，东边是辽阔的西里湖，荷香四溢，与苏堤隔湖相望，与邻近空间的虚实对比，使该空间更幽静。

花港观鱼丛林区位于花港观鱼西部，既使西山的文脉得以延续，又宛如天然屏障，遮挡住背后喧闹的杨公堤，使整个公园变得更为宁静。丛林区以保留原来的杂木林为主，林内郁郁葱葱，树高林密，林中灌木层较多，设计成不可进入之地，使人感到丛林深深。南面毗邻悬铃木-合欢草坪，二者空间的虚实、明暗对比，更突出丛林的深不可测，也可缓解压抑的情绪，无形中扩大了空间。

花港观鱼港道区位于花港观鱼西南，“港”是一条沟通里西湖和小南湖的河道，流经大草坪、小陈庄、丛林和疏林草地，最终注入小南湖。港湾曲折变幻，繁花似锦，弯曲自然，宽窄不一，可夹港两岸，杨柳垂挂，浓荫匝地，繁花遍布，好似真的“花港”一般。花港景区中心的绾波亭就建在水道最宽的丛林与疏林草地之间，亭的东、北、西三面临港，游人视野所及，还可以捕获“镜水云岭”“云容水态”“水流云在”和“镜湖峰影”等不断变幻的奇景，其乐无穷。木栈道将港道、生态岛联系在一起，虽然邻近喧闹的杨公堤和南山路，但郁闭度较大，环境幽静，宜漫步休息。

太子湾西南部密林为九曜山、南屏山的延续，营造的是咫尺山林的空间感和宁静的氛围，与东部疏朗的空间形成对比，保留原先的杂木林，自然野趣，上层郁闭度极高，中层去除了阻挡视线的灌木，使视线通透，增加了景深，除顶面成片的树冠、南面自然山林界定空间外，其他都视线通透，削弱了大片森林中封闭空间的恐惧感，又可远望逍遥坡草坪，空间更加流动。

密林景观首先要对景观功能进行定位，是以绿化为主还是以观赏为主。以绿化为主的密林景观可采用复层群落，模拟自然山林，由大乔木、小乔木、大灌木、小灌木、地被等多层次组成，特别是藤本植物爬在树干形成的垂直景观，营造了自然景象。此类密林面积不宜太大，否则容易产生视觉疲劳。以观赏为主的密林景观不宜大面积种植遮挡视线的灌木层，这样视线通透，林下活动空间大，可自由进入。其次，确定纯林还是混交林。纯林能体现植物的群体美，选观赏性强、季相变化丰富的植物，如曲院风荷的水杉，杭州植物园的池杉林；而混交林更能体现自然山林的景观，有些公园的原始现状就有自然山林，经后期疏伐便可成景。

3.1.2 道路景观

西湖风景名胜区的道路景观涉及 22 条道路，包括：杨公堤、北山街、南山路、苏堤、白堤、孤山路、灵隐路、灵隐支路、普福岭路、梅灵北路、天竺路、灵竺路、龙井路、龙井支路、玉皇山路、莲花峰路、三台山路、满觉陇路、虎跑路、九溪路、梅灵南路、玉泉路。

西湖在近两千年的变迁中拥有了“两堤三岛”的景观格局、“西湖十景”的题名景观、西湖文化史迹与西湖特色植物，以及“三面云山一面城”的城湖空间关系。这些均与西湖的道路体系存在着千丝万缕的联系，如湖滨的柳浪、白堤的红桃、北山的法桐、龙井的枫香，均已融入西湖整个景观格局。因此，应在整个西湖景区的宏观层面上看待道路景观，在大格局中形成道路景观特色，客观上延续西湖整体景观格局，延续西湖名画精髓。

杨公堤以高大悬铃木为主景，两侧以自然山林和水岸植物作为衬托，色彩素雅，突出自然景致；北山街以上层悬铃木、下层草坪花境为特色，植物色彩丰富绚丽，与城市风光相呼应；白堤则延续原有的桃柳格局，两侧为通透的草坪，色彩清新；苏堤强调了多样的植物品种和开合的植物空间，植物景观较为丰富。道路在景区的大背景下各具特点，丰富了景区植物景观。

3.1.3 古树名木景观

古树名木资源有着上百年的历史，被誉为活的文物，包含古老和名贵两个方面的含义。古树名木兼具自然遗产和文化遗产双重身份，是一个地区、一个城市悠久历史与文化的象征，是绿色文化传承的活化石，是自然界和前人留给我们的无价之宝。古树名木保护的价值涵盖了不同学科层面的内容，主要可以归纳为四个最基本的方面：生态价值、文化价值、科研价值和旅游价值。

古树是活的见证，是当地最合适的树种，可以成为树种规划中的基调树种或骨干树种。西湖风景名胜区的植被是北亚热带典型的常绿阔叶和落叶阔叶混交林，种子植物有 1 369 种。100 年以上树龄的古树有 869 棵，主要树种以香樟、银杏为最多，其中 300 年以上树龄的一级保护古树有 246 棵。

杭州西湖历史悠久，大多数古树树冠庞大，单独成景。比如，湖滨公园的古树仅香樟就有 18 棵，广玉兰、朴树各 1 棵。又如云栖竹径，竹径依山傍水，群山环抱，古木参天，修篁夹道，筠影婆娑，鸟鸣翠谷，流水淙淙，衬托得竹径分外深邃幽静。植物除了成片的毛竹，其中点缀着 100 多棵参天古树，有千年银杏、千年枫香等（表 3.1）。在西湖环湖景区，除枫香、香樟、朴树、槐、银杏、桂花外，其他只是偶见或仍处于野生状态。

表 3.1　云栖竹径古树统计

名称	数量/棵	名称	数量/棵	名称	数量/棵
枫香	33	木荷	4	三角枫	1
浙江楠	12	银杏	3	珊瑚朴	1
香樟	12	豹皮樟	3	七叶树	1
苦槠	12	桂花	3	毛枝冬青	1
朴树	8	野柿	2	榉树	1
糙叶树	7	麻栎	3	雪柳	1
青冈	7	山桂花	2	米槠	1
槐	7	柳杉	2	—	—

3.1.4　村落景观

游憩空间是人们开展休闲活动、进行自我调节的主要场所。随着人们生活节奏的加快，游憩已经不再只是城市的重要功能，也成为乡村发展的重要因素，尤其在乡村休闲旅游活动发达的村落景观，游憩空间是游客和居民休闲活动的频繁场所。这些空间的规划和建设理应重视居民和游客的活动特征，而非仅凭城市空间的营造经营进行。对西湖景区村落景观游憩空间的研究不仅有利于指导新农村建设，而且对于乡村旅游的可持续发展有所裨益。

2005 年颁布的《杭州西湖风景名胜区景中村管理办法》明确指出，西湖风景名胜区中的景中村包括：梅家坞村、梵村、灵隐、九溪村、翁家山村、杨梅岭村、满觉陇村、茅家埠村、龙井村、双峰村和九溪社区、三台山社区、金沙港社区、栖霞岭社区、净寺社区等，共 9 个行政村，6 个社区，39 个农居点，村落数量多，农居建设用地大。景中村城市化现象较严重，村庄人口数量膨胀，建筑密集。景中村中的大部分是依托景区经营的茶楼、饭店等，位于传统景点或是处于连接景点的必经之路。

针对景中村情况，自 2003 年杭州市实施西湖综合保护工程以来，村落风貌得到有效改善，山更绿，水更清，游客更多。梅家坞村、双峰村、茅家埠村、龙井村等地真正成为景区中的村庄，为西湖景区增添了新的生机和活力。

在对景中村进行整治的同时，依托景中村及周边景观资源进行规划建设，梅家坞茶文化村、茅乡水情、金沙醇浓、龙井茶文化景区相继建成开放。并且，杭州西湖景区的“十二五”规划已经将景中村所在地定位为茶文化休闲示范区，打造以农家茶楼为主体，西湖龙井茶品牌为依托，以西湖景区的自然和人文景观资源为载体的特色产业区，整体呈现旅游休闲度假型的产业发展格局。

3.1.5 水体景观

西湖风景名胜区的水体景观大致分布在九溪十八涧、玉皇山八卦田、虎跑梦泉等景点中。

“千沟万壑十八涧，重峦叠嶂落九溪。”九溪十八涧位于西湖之西的群山中，自龙井起由北向南蜿蜒 7 千米汇入钱塘江。晴好天气满目翠微，阴雨天气烟岚飘扬，青黛似烟，因而九溪十八涧又被称为“九溪烟树”。九溪多山富水，山水共生成望不尽数不完的绿树翠黄，野草杂花。典型的植物景观包括水杉、桂花林等，群落层次分明，季相变化多样，色彩层次丰富。水杉林呈线状连续性分布，更有桃树、香樟等向水性植物向水面弯曲形成特色景观。沿溪布有林海亭、望江亭等。以“溪中溪”为水流汇合节点，往东是九溪，向西则为十八涧，清溪因山而曲折，峰回路转，林木茂密，溪流时高时低、时快时慢，水流潺潺，树影婆娑，险峻幽深。

八卦田地处玉皇山脚下，有木桥架于水塘之上与陆地相连，经木桥向里走便是八卦田。田上种有八种不同的庄稼，四季更迭，八种庄稼呈现不同的颜色。在八卦田中心，有个圆圆的土墩，状如太极图。20 世纪 80 年代，八卦田的部分农田改为水塘，以水产养殖为主。八卦田水塘的主要景观植物为荷花，斜风细雨十里荷塘，夏日水塘中荷花摇曳，岸边水杉高大挺拔，与附近玉皇山遥相呼应，借杜甫《绝句》中的“山青花欲燃”来形容再妙不过。

虎跑泉位于西湖之南，大慈山慧禅寺内，虎跑泉水是由虎跑的地势自然形成的，通往虎跑泉的虎跑径长约 1 千米，山径蜿蜒，溪水清澈，两边水杉参天，虎跑位于沟岩之中，四周被大慈山、白鹤峰等山岭所包围，从而形成了一个马蹄形的汇水洼地。滴翠崖下有虎跑石雕，为“新西湖十景”之“虎跑梦泉”中梦泉之处，周边山木葱茏，泉水叮咚，给人带来视觉和听觉上的双重享受。

3.2 山地景观营造与评价的理论基础

3.2.1 美学理论

景观美学领域的实证研究发轫于美国等西方国家。关于景观美学的研究，主观学派与客观学派一直存在争议。主观学派认为景观美是审美主体的心理感知与视觉感知一起发生作用的结果；而客观学派认为景观固有的本质属性即美学质量。Lothian 倡导以主客观相结合的方法进行景观美学研究，提出要以感知为基础，进而辅助定量研究。

在山地景观漫长的发展和建设进程中，城市空间的外部形体和城市轮廓线以及山地景观各构成要素所具有的对称、比例、均衡、秩序、节奏等统一与变化的相互关系，和人类在长期历史发展中所形成的深层心理结构相对应，形成一种同型同构的关系，产生心理上的满足，引起美感。于是山地景观的“有意味的形式”（significant form）就产生了。正是“有意味的形式”塑造的景观形象，将观念、想象、积淀融化其中，激发出不同一般的情感，即成为“审美感情”，有着丰富内涵的、有意味的形式传达出山地景观特有的美学气质。

审美是由多项变数、相互反馈而构成的流程。这些多项变数，即审美心理活动中的各种心理因素、功能、成分等。为了进行更为具体而简明的阐述，对山地城市的景观形式“意味”的审美过程，主要是通过感知、理解、想象和情感四个阶段的审美活动完成的。山地城市在自然环境、文化氛围等方面都与平原城市存在着明显的差异，审美的体验方式也有其自身的特点。

3.2.1.1 村落田园审美观——农业文明的审美观念

童叟闲适、麦香稻花、田园风光、桑麻之乐是农业文明时代典型的景观特色。这类景观特色并不会随着农业文明的结束而结束，而是作为一种典型的文化、自然景观结晶永远留在人类的记忆中。

3.2.1.2 极简主义审美观——工业文明的审美观念

工业文明的标志是机器美学的兴起，一切事物在工业文明时代都会变得富有规律、简洁。经济功能的原则是一切人类创造物变得简洁而富有想象空间。

3.2.1.3 景观生态审美观——生态信息文明审美观念

景观生态审美是整体综合的审美观念，它不以单纯的视觉形式为审美原则，也不以生活生态为主要内容，而是这些诸多要素的集合。其核心内容是生物物种的生境和谐概念，在此基础之上，考虑一定意义上的人性空间，但绝不仅仅是完全以人为本的景观空间，而是宜人生态环境与人性空间的交融和整合。

3.2.2 视觉设计理论

一般来讲，视觉是人类认知世界的有效工具，也是一种具有特殊意义的语言。视觉效果体现了视觉设计要素存在的价值。较差的视觉效果说明视觉设计要素不合理，没有满足人们对美的追求，而较好的视觉效果是建立在合理利用视觉设计要素基础之上的。由此可以看出，视觉设计要素对视觉效果起着十分重要的作用。

视觉设计要素是视觉对象的基本单元，能加深人们对周围世界的认知感。经过人脑的分析后，它会转化成视觉语言，通过视觉语言的传达，人们能更好地认识世界、认识大自然，以及得到所有动、静态事物的信息。

视觉元素可以划分为抽象的视觉元素和具象的视觉元素两大类。抽象的视觉元素具有暗示的性质，它不能真切地表达出具体信息，但它可以利用潜在的形态来预示某种现象和含义。抽象的视觉元素可以通过点、线、面、空间等图形激发人们潜意识里的想象力，再加上具象视觉元素的大小、方向、形状、色彩等，与人们在美学方面形成共鸣。具象的视觉元素的应用主要是广告画面。它是广告画面的基本素材，也是广告画面的基本理论。通过结合更多、更优秀的视觉元素，具象的视觉元素能将广告作品完整、形象地表达出来。

视觉设计要素在园林景观中的重要性显而易见。视觉能够主导人们的认知。在很大程度上，视觉会影响人们分析事物的特性，视觉的作用在于帮助人们将视觉体验转化为具体成像，在光线的作用下，视觉还会给人们提供一个十分完善的信息系统，从而实现与完成人们对事物的感知，进而促成人们对事物的评价。视觉设计要素建立在人的视觉感官的基础上，抓住人们的眼球，促使人们形成较好的评价，是视觉设计要素的技术核心，也是视觉设计要素的完美体现。

3.2.3 开放空间理论

开放空间（open space）一词来自国外，也有的译作开敞空间，其概念、内涵和外延随着人类社会、经济、生态、环境的变化而不断发展。开放空间与我国实践层面使用的各种绿地概念（如“绿色空间”“区域绿地”“非建设用地”“基本生态控制线”“城市增长边界”等）相比，所指对象和内容相似，有较多重叠。因绿地带有的“绿色”，造成事实上的轻视和忽略。当人们以更积极开放的视角看待这些“农林水、山河湖”时，它们应该是五颜六色的。从绿色空间到开放空间，更突出“人与地”的相互关系，是从“空间控制”到“空间利用”的转变。在当前城乡一体化和生态文明建设背景下，从质量和品质角度，盘活占据城乡绝大部分的非建设用地，用开放空间代替绿地进行规划建设，其优势体现在以下三个方面。

（1）有利于突破空间局限。绿地是一个二维平面概念，而开放空间是一个三维立体概念，空间上从二维到三维，在规划建设中不仅有利于数量增长，而且有利于从视觉景观层面落实与城市界面的连接、转换和协同，提升城市建设的品质。

（2）有利于突破部门局限。绿地的规划建设以往以园林部门为主，难以协调其他部门参与。开放空间则从城乡建设品质的角度，作为城乡品质提升整体一盘棋，能够在规划部门的统筹下，协同国土、农林、水务、旅游、文体、环境、交通等众多相关部门参与建设。

（3）有利于突破功能局限。尽管有公园绿地代表社会游憩功能，但总体来看，在城乡整体规划建设层面，绿地过于重视绿色所代表的生态意义。开放空间则从字面上赋予其多层含义，如视觉（景观美学）、权限（使用权利）、立体

（多维空间）、流动（生态迁徙）、交流（社会交往）等，具有更积极的利用内涵，有利于发挥其多层面的彩色功能，从利用角度推动空间品质的内涵提升，而不仅仅是消极的绿色保护。

纵观开放空间的概念和体系的发展，总结开放空间在人类发展的不同阶段承载着不同的功能，这些功能包括生态层面的环境保护、生态修复功能，社会层面的社会交往、身心健康功能，景观层面的视觉美学、文化表达功能，以及经济层面的土地和空间价值功能。结合实际规划和管理目标，对于开放空间的界定，应从以下三个方面进行考虑。

（1）从依托主体来看，不一定是土地实体和独立占地。在当今存量土地利用背景下，城市内部特别是大城市内部试图通过独立占地的土地用于增加开放空间建设在规划和实施上都非常难以实现。正如日本和新加坡目前的做法，通过空中花园、垂直绿化、立体绿化等方式挖掘开放空间的潜力和用途，增加绿视率和绿量，对城市生态、社会和景观效应意义重大，且是当今城市生态和美化建设的重要挖潜方向。因此，本书认为应该将这部分立体绿化空间纳入开放空间，在规划上可以通过实线控制、虚线控制、点位控制、虚位控制等手段实现管控，这在武汉已有先例。

（2）从功能和价值来看，任何具有生态环境、社会游憩、景观美学或人文内涵其中一项功能或价值的，都可以界定为开放空间。如未开发的自然地、农用地、人工硬质化的道路广场，因其分别具有自然生态和环境通风廊道的功能，可以界定为开放空间。依此界定，开放空间与权属（不一定是公共的，如私家花园、私人度假区）、自然性（不一定是绿地，如道路广场）、可使用性（不一定允许进入，如核心自然保护区）、开发程度（不一定是少开发，如运动场）并不一定相关。

（3）从构成空间的三要素来看，任何不具有顶面的空间即室外空间，均可称为开放空间，如阳台、露台、平台、屋顶绿化并具有一定休憩设施的花园。

因此，开放空间是指任何少建筑的、具有一定功能或价值的室外空间。开放空间除自然生态特征外，更强调其在城乡一体化作用中所蕴含的社会、人文、经济、景观美学及健康特征，主要包括传统的城市绿地、市民交流休闲空间、运动空间、特色农林水利空间、乡村开放空间、城乡联系空间等。

3.2.4 景观生态学理论

景观生态学是一门在宏观尺度上研究景观类型的空间格局、景观单元类型组成、景观生态过程的相互作用及其动态变化特征的学科。其研究重点主要集中在三个方面，即景观的空间格局与结构、景观的动态变化过程及其相互作用、景观的异质性。景观生态学作为当代风景园林规划设计的基础理论之一，加强对其的理解、研究与运用对提升景观的生态可持续性有重要意义。

目前景观生态学被应用较广泛的理论有生物进化与演替理论、景观异质性理论、岛屿生物地理学理论等，但理论在实践过程中的应用较零散，不成体系且难以理解。因此本书主要结合相关资料，浅析景观生态学在风景园林规划设计中的应用，将风景园林规划设计的整个过程中涉及的景观生态学基本理论进行归纳总结，并提出了对于当今景观生态学基本理论应用所存在的一些问题的思考，旨在为基础理论与实践之间筑起桥梁，为风景园林师在实践中如何更科学、合理地应用景观生态学的基本理论提供参考。

景观生态评价是指根据景观生态学的相关原则，结合景观生态学特定的程序与原理，对景观现状、可能的利用方案和生态功能进行综合评价的过程，主要是对景观功能的综合理解。它是景观生态学理论与应用研究中重要的一环，是区域生态环境评价的重要内容，也是风景园林规划设计的重要基础依据。常见的景观生态评价包括景观生产力评价、景观适宜性评价、景观健康评价、景观美学评价、景观生态安全评价等。风景园林规划设计中一般常用的是景观适宜性评价，因此本书将结合案例与思考对景观适宜性评价过程中所涉及的景观生态学原理进行总结与阐述。景观适宜性评价的过程主要包括景观格局与过程分析、景观分类与制图以及景观适宜性评价三个步骤。

3.2.5 景观格局理论

随着城市化进程的不断加快，越来越多的人拥向城市，城市面积急剧扩张，城市植被覆盖面积锐减，一些直接和间接的负面效应也因人们在城市化初期阶段管理的不完善而不断突显出来。研究城市景观格局变化可以为城市发展进程设计和景观整体规划提供科学的决策依据。总结城市景观格局演变的基本思想、主要方法、工作流程、国内外目前研究的主要方向及未来的研究趋势，可以为研究城市景观格局演变提供理论依据。

景观格局是指景观的空间状况，是形状、大小、属性不一样的景观空间单元在空间上的组合和分布规律。景观格局是景观异质性的具体表达形式，针对景观格局进行分析时，必须要考虑景观和其单元的拓扑特点。当前，针对景观格局的研究较多局限在二维平面范围里，对于景观格局的三维模型还很少见。针对景观格局的研究分析，其目的是为了在看似没有规律的景观中发现潜在的、有意义的规律或秩序。针对景观格局的研究，是当前景观生态学研究的核心问题。

3.2.6 生态基础设施理论

生态基础设施（Ecological Infrastructure，简称 EI）是针对市政灰色基础设施（如道路、桥梁、铁路、水热气电输送管线等）、环境基础设施（雨污水管网、污水处理厂、垃圾处理厂）和社会基础设施（如医院、学校、文化、体育设施等）而提出的另一种支撑区域城市可持续发展的、必要的基础设施。快速城市化在带来经济发展的同时，也导致了城市人工建筑物以及不透水地面的增加，原有的森林、湿地等自然景观逐渐被取代，进一步导致城市热岛效应、洪涝灾害、水体富营养化等生态环境问题。EI 的概念应运而生，其核心功能是提供生态系统服务。EI 规划、设计和建设通过整合相关的生态过程与景观结构，进而维持、改善和增加生态系统的服务能力。例如，在海绵城市的建设过程中，城市生态基础设施通过流量控制、洼地调蓄、滞留、过滤、渗透和生物处理等过程，处理水体污染物及减少地表径流量，可维持和改善生态系统的水量调节以及水质净化服务；通过引入景感生态学的理论和方法，合理进行景感空间规划和设计，可以增加生态基础设施的文化娱乐服务，为城市水环境问题提供综合、系统的解决途径。

EI一词最早见于联合国教科文组织的“人与生物圈计划”（Man and Biosphere Programme，简称MAB），是MAB年度报告中提出的生态城市规划的五项原则之一，被描述为“作为城市空间组织框架的自然景观和区域”，主要强调自然景观和腹地对城市的持久支持能力。20世纪90年代，景观生态学家和规划师认为，EI的重要作用在于将处于日益破碎化的都市景观中孤立的自然区域联结起来。北美与欧洲多国的政策与方案均采纳了这种理论。在欧洲，经常与生态网络、廊道、保护廊道等进行替换，并且EI规划通常基于特定物种栖息地的要求，包括建设新的自然保护区、廊道等。21世纪初期，不同学者对EI进行了定义，主要可以概括为具有维持自然生态过程，更新空气与水体，以及保障居民福利的相互连接的自然生命支持系统。

在我国，近些年EI的内涵得到了不断的拓展与推广。俞孔坚等最早将EI概念应用到中国城市空间规划之中，认为EI从本质上讲是城市所依赖的自然系统，包含一切能为城市及其居民提供自然服务的城市绿地系统、林业及农业系统、自然保护地系统。李锋等认为，城市EI是指为人类生产和生活提供生态服务的自然与人工设施，并进一步具体将城市EI定义为蓝色（水）、绿色（植被）、灰色（非生物）景观，以及出口（流出、处理或回收）和干线（廊道）在生态系统尺度上的有机整体。在以上关于EI的定义中，一个很重要的方面是将生态系统服务思想与生态结构相结合，使EI的概念在总结已有EI概念的基础上更加清晰。本书将EI定义为保持、改善和增加生态系统服务必备的一系列条件和组合。其类型包括城市绿地湿地、农田、生物滞留池、绿色屋顶等自然和半自然系统，主要功能是保障城市生态功能正常运行，并且其居民持续地获得生态服务，是城市可持续发展的基础的重要保障和支撑。

第4章 基于地域文脉的山地景观特色营造

任何一个地域都有不同的历史背景、不同的生产生活方式所形成的不同风俗习惯，也就形成了独具特色的地域性景观。景观的形成与其地域文脉是分不开的。本书对基于地域文脉的山地景观特色营造，从森林景观、道路景观营造及保护和古树名木的开发与保护进行论述。本书认为，开发森林景观价值、提高森林景观质量、开发森林景观优势都具有十分重要的现实意义。道路景观是城市建设重要的组成部分之一，同时也是城市整体风貌的重要体现。道路景观营造作为传统建筑学和生态学结合的产物，既有传统建筑学的优势，也有现代生态的思想，对创建人类生产生活、保护生态平衡有着重要的意义。而保护古树名木不单是出于生态环境的需要，更是对一个地方古老文明和文化传承的保护。保护古树名木的目的是更大限度地延长其寿命、生长季节、供人们观赏利用，发挥其生态效益和经济效益。

4.1 地域文脉与山地景观的关系

4.1.1 地域文脉

地域文脉是指存在于特定地域范围内的文化类型，是某个地域的人们在特定的历史条件和地理环境下，通过世代经营、创造的，并逐渐积累、沉淀和升华的物质和精神成果。其中地域文化的物质层面包括地形地貌、水文气候、历史遗迹和建筑类型等，精神层面包括文化、宗教信仰、思维倾向和价值模式等。

人类生活在大自然中，不同地域的人的生活方式不同，对大自然的需求条件和改造方式不同，形成了具有强烈色彩的地域文脉。其中包含文化、自然、历史与时代元素，不同的地域文化与其特殊的自然环境相融合，经过不断融合、创造、积累、沉淀，形成一个地域所特有的文化。因此一个好的景观设计，不管是立意、布局、小品、植物以及在单体建筑的空间布局中，都无处不在地传递着当地特有的文化气息。不同的地域拥有不同的自然环境，如地形地貌、气候气象、植物水体等，比如北方开阔的平原，南方的梯田。

每个地域都有不同的历史背景，不同的生产、生活方式所形成的不同风俗习惯，也就形成了独具特色的地域性景观。所以设计者在设计一个地域性景观时，要有历史使命感和高度责任感，不仅要传承过去，还要承接未来，在当下的设计中做好过去、现在与未来的衔接，形成一道清晰的景观脉络。

4.1.2 地域文脉与景观设计

吴良镛教授曾说："优美环境的创造，要做到两种融合。一是与自然相融合，二是与历史文化相融合，即与文脉结合，要继承与发展历史遗产。"如吴教授在《北京旧城与菊儿胡同》一书中提出的"有机更新理论"。所以景观的形成与其历史文脉是分不开的。一个地方的古建筑有助于塑造这个地区独特的个性，其建筑形式、空间尺度、色彩、符号等，恰恰与隐藏在当地人们心中的社会价值观相吻合，能唤起他们对过去的回忆，引起人们心中的情感共鸣。正如凯文·林奇所说，"地方特色就是一个地方的场所感"，地域的场所精神就是地域景观个性化的体现。人们身处一个具有场所精神的景观设计中，可以体验、感受到场所传递出来的文化内涵和精神特质，让人印象深刻。

景观是文化的载体，是人们最初身处一个环境中最直接感受到的，也是最直观传递给人信息和感受的形式之一，更是人们解读地域历史传统和地方风俗最鲜活的教科书。而如何让景观设计体现地域性的特征，需要设计师有高度的责任感，深入挖掘一个地方的历史文化、地域特色，深入了解当地人的生活方式、风俗习惯、文化传统、遵循的规则等。因此，景观设计不只是设计师的个人意愿，而是设计师充分尊重场地的地域文脉特性，并能实现使用主体的交往、归属、尊重与满足自我功能需求的解决方案。只有这样，才能设计出具有文化认同的本土化景观。到最后，评价一个地区的景观设计成功与否，是看设计者在设计过程中是否融入了地域文化，本土景观设计是否能真正引起人们的共鸣。

4.1.3 地域文脉与山地景观

文脉是指地域、国家、城市、风景区等的地理背景，包括自然地理条件、文化氛围和文化传承等社会人文背景。所以在山地风景区，要准确把握和分析好此地域的文脉，确定旅游区的开发主题，打造和谐、可持续发展的文化空间。

山地旅游区具有独特的山水优势。丰富的自然资源作为文脉的自然地理条件，也为人文景观的塑造提供了良好的基础。对于山地旅游区文化价值空间的形成，自然资源与人文资源都起到了不可替代的作用。不管是自然的还是人文的，都是属于地域文脉的范畴。所以在旅游区的定位、开发过程中，一定要做好对地域文脉的研究利用，使其在文化旅游中体现其价值，从而更好地促进山地旅游区文化空间的合理打造。

4.2 森林景观营造与保护

4.2.1 森林景观

“森林景观”从字面可以理解为以森林为主体的自然景观。森林景观为人类提供了一个富于变化的休憩、游乐、养生场所，是建设森林公园、开展森林旅游、发展森林经济的主要物质基础，是自然界中客观存在的实体。

不同的立地条件、气候条件和社会经济条件形成了复杂多样的森林景观类型。不同类型的森林景观，其功能、特征结构、演变规律均存在差异。由于对森林景观研究尺度的宏观性，专家、学者来源的广泛性，以及发展阶段的初期性等原因，森林景观在研究领域具有明显的广泛性、不确定性以及研究方法的多样性，因此形成了许多新观点、新理念。可以说，“森林景观”概念的提出是多学科高度综合的产物，其主要任务是研究以森林生态系统为主体的景观结构、功能及其变化。同时，森林景观概念的确定和研究，对于开发森林景观价值、提高森林景观质量、开发森林景观优势具有十分重要的现实意义。

4.2.2 营造及保护原则

4.2.2.1 坚持可持续发展，依法依规建设

在进行植物景观优化提升时，以可持续发展作为指导方针，国家森林公园的建设有其特殊规则，须依照相关法律法规，完备相关材料，按照流程进行提升和改良。

4.2.2.2 坚持保护为主，保护为先

作为国家森林公园，在进行建设及提升时要以保护为主，尊重森林生态系统，保护原生森林植被与资源，保护野生动物和生态环境。同时，立足资源现状，科学并适度开发。以生态改造的方式循序渐进，逐步实施提升优化，不能一蹴而就。

4.2.2.3 充分发挥国家森林公园功能

国家森林公园作为包含生态、科教、科研、游憩、度假、体验等多种功能为一体的公园，在进行植物景观提升时要充分考虑其功能性。加强保护现有森林资源，体现其生态价值。利用其森林优势，丰富公园的生物科普教育功能。融合风景园林学、生态学等多学科，使观赏性与生态性相结合，优化植物景观布局，使植物景观满足游客对美的追求，在提供庇荫、休息功能的同时，体现生态性功能。

4.2.2.4 尊重地方特色，适地适树

针对现状，在提升改造植物景观时，以生态为导向，因地制宜，减少栽培园林观赏植物，更多采用观赏效果好的乡土树种及周边原生植被，展现森林植物景观，做到适地适树，保护和体现地方特色，并与周边环境有机融合，产生联系与呼应。园区植物景观要与山体植被大背景形成远近的联系和对比，形成整体性森林植物景观，而不是界线分明各不相干。

4.2.3 森林景观营造与保护

4.2.3.1 封山育林

1. 封山育林的概念

封山育林有广义和狭义两种概念。狭义的“封山育林”，是指把荒山或灌

从置于自然演替的环境中，摆脱人类的破坏，如乱砍滥伐、放牧、火烧，让其沿着群落自身演替的规律发展。广义的“封山育林”，是指对具有天然下种或萌蘖能力的疏林、宜林地、灌丛林地进行封禁，保护植物的自然繁殖生长，辅以人工促进手段，促使恢复形成森林或灌草植被，或对低质、低效有林地、灌木林地进行封禁，并辅以人工经营改造措施，以提高森林质量。

2. 封山育林的意义

目前，我国生态系统状况局部改善、整体恶化的趋势尚未得到根本改变，生态建设任务重，投资相对不足，现有荒山立地条件差，人工治理难度大。在这种情况下，采取封山育林手段，充分依靠自然力量对退化的生态系统进行修复和治理，将是我国加快国土绿化和生态建设的重要途径。多年封山育林的实践表明，封山育林投资少、成本低、绿化效率高，且能快速、经济地恢复和增加林草植被，是深远山区生态建设的首选途径。封山育林形成的乔灌草结合的复层混交林，能有效涵养水源、减轻水土流失、改善小气候、减轻气象和地质灾害、保护生物多样性，具有更强的改善生态功能。在封山育林的基础上进行深度开发利用，是增加农民收入和转移农村富余劳动力的有效途径。通过封山育林可增加山区林果资源，培育景观资源，为发展林果采集、加工和森林旅游业创造条件。充分发挥封山育林优势，对于加快绿化步伐，迅速建立绿色屏障，推动山区农民脱贫致富奔小康，都有重大的现实意义。

4.2.3.2 人工造林

当前的地球环境情况已经越来越严峻，重视对环境的保护已成为全球性的问题。为了改善环境，最有效的方法之一就是植树造林。我国在此方面投入了大量的人、财、物，并取得了一定成效。我国的人工林在很大程度上对生态环境起到了保护及改善作用。人工造林能对森林资源起到良好的保障作用，其方法是将幼苗、种子等种植到预先规划好的林区，以确保森林资源能得到有效补给。通常情况下，人工造林与人工更新是常用的方法，在此过程中要密切关注林区的土壤情况及气象条件，确保林木能得到合理的保护。

人工造林可以极大地提高人们的生活环境，促进林业发展，因此人工造林的重要性是不可否认的。但其面临的困难还很严峻，要不断进行探索，研究并寻求最合适的方法来保证人工造林的成活率。

4.2.3.3 林相调整

1. 林相调整的概念

林相是森林的外貌，也称为林层。林相调整就是以原有的森林资源为基础，将树种、林层单一，森林景观缺乏季相变化、景观效果差的林相，改造成树种多样、色彩丰富、季相变化明显、群落稳定性高、生态功能强的林层。

2. 林相调整的原则与目的

区域林相调整规划主要基于以下原则：

（1）近原生性。在林相调整过程中，要遵循森林群落演替规律，充分利用森林自我修复、自我维持的能力，规划一套模拟天然林生态系统的经营措施，营造近原生的森林生态环境。

（2）景观多样性。多样性是生态系统完整性和稳定性的保障，森林景观的多样性可以从总体上提高人们的体验值。

（3）独特性。在规划时应尽量保护珍稀动植物种群和岛屿小生境，以保持和提高森林景观的独特性。

（4）生态安全性。调整或构建新的景观空间结构，增加景观的异质性和稳定性，以改善受胁迫或受损失生态系统的功能。

林相调整的目的是改善地域的林分结构，全面提升森林生态系统服务功能、森林景观品位和抗御林业灾害的能力；防范病虫害，避免森林生态系统遭受毁灭性危害；确保地域资源环境的生态安全，促进区域经济社会可持续发展。

3. 林相调整的植物选择

植物配置应在尽量保留原有植被的基础上，借鉴地带性植被的结构特征和演替规律，以维持现状绿化为主，局部进行下层改造，充分发挥自然山林的生态效益，降低管理养护成本。

苗木的选取坚持适地适树原则，以宿迁乡土苗木为主。合理选择阔叶树种，根据不同地块林木的密闭度，选取具有不同耐阴能力的观花和色叶植物，如三角枫、无患子、乌桕、枫香、鸡爪槭、红枫、山樱花、二月兰、鸢尾、萱草、玉簪等。种植形式上以大尺度的片植为主，突显各区的植物景观特色，形成不同季节的彩林花海景观。

4.3 道路景观营造与提升

4.3.1 道路景观的重要性及营造的意义

道路景观是城市建设重要的组成部分之一，同时也是城市整体风貌的重要体现。在进行城市道路绿地景观设计过程中，需要充分认识城市道路绿地景观的作用，了解不同城市道路绿地景观设计类型，落实相应设计要点，有效推动城市建设实现更加稳定顺利的发展。

道路景观营造是在传统道路建筑学的基础上引入生态学、美学、设计学等诸多理念，是多者融合的结晶。理论提出者指出了城市道路景观营造的新概念，主张城市建筑与自然环境的平衡发展，认为人类道路建筑是整个生态循环系统的一部分，并强调人类建筑生活等活动与自然环境共同发展。城市道路景观营造的研究就是要在整个自然生态系统中和保护自然环境的基础上，为人类创造适宜生产生活的道路设计。

道路景观营造指出人类的建筑活动一定要考虑人类行为活动是否会对自然环境造成影响或危害，运用生态学、建筑学、美学等基本理论，结合自然环境，综合后进行选址、设计，确保人类、建筑、自然、社会等和平共生是城市道路景观营造的最终目标。城市道路景观营造作为传统建筑学和生态学结合的产物，既有传统建筑学的优势，也有现代生态的思想，对创建人类生产生活、保护生态平衡有着重要的意义。

4.3.2 道路景观营造的内容与类型

规划式道路景观设计主要以道路方向为依据，在中分带、侧分带或边分带，分类设计上层乔木和下层灌木及地被的搭配，按照规划严格进行种植，种植配置要求排列整齐、规范统一。比如，要求乔木的分支点统一，高度一致，灌木修剪整齐，植物布置富有规律性的层次感。

自然式道路景观设计主要是在道路两侧较空旷区域进行，结合地形自然搭配组合进行种植，还可以穿插景观小品，整体设计注重体现城市人文风格。

道路渠化岛、平交口景观设计的区域为道路的交叉口，应做到以人为本，为人们交通出行提供更多的安全保障。比如，绿化设计要考虑通透性，下层的灌木高度宜小于 1 米，在城市中可以孤植大乔或桩景树点缀，搭配花镜与色块灌木，空间较大的场地还可结合文化元素。

4.3.3 道路景观营造的原则

4.3.3.1 高端示范原则

规划设计要符合国际一流、创新智能的高端定位。同时，考虑与地方特色相协调，将城市历史文脉融入道路绿地设计，突出地方特色。

4.3.3.2 创新引领原则

鼓励创新，对于新理念、新技术及产品、植物品种的使用，要在有过成功经验及研究报告的基础上实施。

4.3.3.3 整体协调原则

遵循上位规划，与城市多种设施要素、道路绿地与周边环境以及整个城市系统协调。综合考虑道路绿地设计中的城市家居小品等各类要素，统筹设计、合理实施。

4.3.3.4 以人为本原则

应以创造优美宜人的绿色环境为宗旨，并根据道路绿地类型确定其特有的功能，符合市民的功能需求和审美趋向。

4.3.3.5 安全性原则

应满足道路安全的要求，城市干道设计以行人安全优先。在道路交叉口，鉴于驾驶员安全视距的要求，合理栽种植物。

4.3.4 道路景观营造及其发展

4.3.4.1 将生态效应和人文景观相结合

在设计道路区域景观时，要特别重视生态效应与人文景观相结合，要使该物种能与城市道路周围的环境相融合，甚至渗透。

4.3.4.2 注重节约能源

在道路景观营造的过程中，除了满足了生态性，还要重视节约资源，特别是水资源。道路景观建设完成后，灌溉就成了水资源消耗较多的项目。为节约水资源，要科学、合理地进行灌溉，根据不同物种对水资源消耗的不同而科学安排。相关数据显示，草木、灌木以及乔木对水资源的消耗非常多，因此，在设计道路景观时，要尽量减少草坪等耗水植物的覆盖率，减少对水资源的消耗，达到节能降耗的目的。

4.3.4.3 维护物种多样性

物种多样化是自然界的显著特征，是维持自然界生态平衡的必备条件。因此，在城市道路景观营造中，要坚持维护物种多样性，实现各物种之间和谐相处。其实，在相对稳定的生物群体内，它们与所共同拥有的环境和资源并不是简单的竞争关系，而是互补关系，只有这样才能在相互制约和平衡的关系中实现生物系统内的稳定性。因此，在某种程度上，正是因为物种多样性才保证系统的生态平衡。所以，在设计城市景观时，要因地制宜，尽量安排适合该区域植被生长的物种。

4.3.4.4 满足社会需求

除了能够保持生态平衡，道路景观生态性的另一个最重要目的就是满足社会发展的需求。随着生活水平的提高，人们越来越重视生态环境，因此在道路景观设计的过程中，要考虑社会生态和人文的要求，重视道路景观设计的生态性，在经济效益和生态性之间找到平衡点。

4.4 古树名木景观保护与开发

4.4.1 古树名木的概述

一般而言，古树是指树龄在 100 年以上（含 100 年）的树木。名木是指珍贵、稀有，或具有重要历史价值和纪念意义，或具有重要科研价值的树木。古树后续资源是指树龄在 80～99 年之间的树木。建设部 2000 年发布的《城市古树名木保护管理办法》规定，对树龄在300年以上（含300年）的古树和名木实行一级保护，其余的古树实行二级保护。全国绿化委员会将古树分为三级：一级古树为树龄在500年以上（含500年），二级古树为树龄在300～499年，三级古树为树龄在100～299年。本书采用全国绿化委员会的古树保护等级划分规定。国家级名木不分树龄，不分级。

古树名木是极其珍贵的人类历史文化遗产，其有关传说和逸闻都深深地打着历史烙印，反映了时代文化的遗迹；古树名木是优良的植物种源，虽历经沧桑，仍巍然傲立；古树名木是重要的遗传基因资源，为科研和生产服务；古树名木是独具特色的天然旅游资源，古朴优雅，姿态万千的古树名木令人赏心悦目，能极大地丰富城市园林植物景观。

古树名木是一个城市的历史见证者，保护古树名木的目的是最大限度地延长其生命供人们观赏利用，发挥其生态效益和经济效益。

4.4.2 古树名木景观的意义

面对“大树入城”，人们持有两种观点。第一种观点认为，“大树入城”能快速解决城市景观生态问题，使人们在短时间内就能感受到绿色带来的舒适；第二种观点则认为，“大树入城”会对树源地生态环境造成破坏，并且移植大树的成活率偏低，造成资源浪费。但是，不少重大工程（如奥运会、世博会等大型活动）需要移植大树，城市改造中也需要移植大树。要让更多的人认识并认可大树移植，就要保证这项工作科学、合理、有序地进行，提高大树移植的成活率，减少人力、物力和财力的耗费。

城市园林除了植物、山、水等自然景观成分外，还包括景观规划设计、景观管理、信息流通等，是一个融自然、社会、经济于一体的复合生态系统。一个优秀的设计作品必然要与其所处的环境发生真实的联系。在从事风景建筑及环境的创作过程中处理好人与自然的关系。

4.4.3 古树名木景观开发与保护的意义

4.4.3.1 生态价值

古树一般经历了几百年，甚至上千年的风霜，其抵御自然灾害的能力极强，且枝繁叶茂，根深蒂固，占地面积极广。因此，古树与其周围的气候、土壤、微生物等之间已经建立了一套平衡的生态系统，其树身和树冠等均会影响周围的环境，且生态价值极高。古树在夏季可遮风挡阳，冬季可抵挡寒冷的湿气，其树冠还能吸收二氧化碳，不断释放氧气，为人们提供清新的空气；其根系可涵水、固土，保持古树旁的河流、小溪或者井水永不干涸，形成较好的小气候。另外，古树对研究当地气候、水土、空气等自然变化有着重要的史料价值，是十分珍贵的“绿色文物”，是活的化石，是自然界和前人留给我们的无价珍宝。保护古树名木不仅是出于生态环境的需要，更是对一个地方古老文明和文化传承的保护。

4.4.3.2 文化价值

古树名木是自然环境中的“活化石、活文物”，其本身蕴含着极其丰富的文化遗迹，并见证了人类历史的发展变化。古树名木常常与文化古迹、神话传说、名人逸事等挂钩，具备丰厚的文化价值。它既是重要的自然资源，也是宝贵的文化财富，不仅有着显而易见的生态效益，还是一个社会发展进步的重要标志。

4.4.3.3 景观价值

古树名木经历多年的生长，其枝繁叶茂，树身大多造型奇特，或奇曲，或庞大，或笔直，或古朴遒劲，其枝叶或大如伞盖，或枯木逢春，或一树两枝丫。古树名木本身就是一件极美的艺术品，极具审美价值和观赏价值，其具备的“苍、古、劲、朴、奇”等特色，是生态旅游的资源瑰宝。

4.4.4 古树名木景观的管理措施

4.4.4.1 加强对古树名木的科学管护

加强对古树名木管理的专业培训，提高管护人员的管护技能，使其能在对古树名木的管护中及时发现问题和解决问题。一旦出现气候、土质等变化，且危及古树树木的安全生长时，要采取有效的补救措施。

4.4.4.2 建立古树名木档案

在对古树名木调查的基础上，可利用 GPS、GIS 等技术，对每棵古树名木进行定位和拍摄，对现有的古树名木实施逐一核对，实地勘察古树名木的生长状况，测量古树名木的树高、胸径和冠幅等，对每棵古树名木的树种、树龄、树高、胸径和生长情况及所处位置等进行登记，调查其生长环境，将古树名木的图片、调查记录等相关资料通过现代化技术收集整理，建档编号，并进行科学化管理。

4.4.4.3 广开渠道，加大对古树名木保护的资金投入

古树名木是城市历史的见证，当前，古树名木的保护资金尚未纳入各级政府的财政预算，资金的不足使古树名木的日常管理、防虫、施肥等措施不能及时实施。可结合开展古树名木捐赠、认养等活动，依靠全社会的力量，打开资金渠道，加大对古树名木的保护力度。

4.4.4.4 加强宣传教育，提高全民保护意识

古树名木保护是一项社会性很强的工作，只有增强全民的保护意识，改变错误的保护方式，让全民了解古树名木的科学价值和文化价值，调动全社会力量参与古树名木的保护工作，才能使古树名木得到有效的保护。

专题篇

第5章

基于ArcGIS的西湖风景名胜区森林景观格局特征研究

5.1 研究背景

5.1.1 现实背景

森林景观资源作为生态系统中的主体，为可持续发展奠定了基础，其对于社会经济的发展也具有积极影响。我国土地资源总量丰富，但森林资源较为匮乏，原因是林地所占比重偏低。为了发展经济，我国的森林由于乱砍滥伐受到了极大破坏，导致林地退化这类环境问题的产生，部分森林资源已经枯竭。为此，我国政府积极推行政策，对森林资源实行严格保护，将林业重要保护地全部纳入生态红线，采取了最严格的保护制度。党的十八大以来，我国对森林资源的保护不断加强，逐渐把全国的天然林都纳入了保护范围，全面禁止出于商业目的的采伐天然林的行为，有效保护了19.44亿亩（1亩≈666.7平方米）天然乔木林，年资源消耗减少3 400万立方米，天然林逐渐恢复了其生态功能。

对于森林资源的保护和开发利用在我国建设初期是互相对立的，如今随着科学技术的发展，可以运用可持续经营的理念来兼顾二者。因此，研究森林景观结构的动态变化，发现并总结规律是非常必要的，它可以帮助我们合理配置和管理各类森林资源。

5.1.2 理论背景

景观格局是指各种不同规模的景观类型在空间上的组合与构成。景观动态是指由各种景观类型构成的体系在不同时间尺度的变化，包含其构成与功能等，而在景观生态学研究中，对于景观格局的动态分析是其核心之一。

生态系统的各种生态过程归根结底为物质与能量在生物与生物、生物与环境之间的循环与流动，而景观格局可以借此间接影响森林的演替。对于森林景观，通过定性描述与定量分析，可以发现并总结其景观结构特征和各构成部分的相互关系，从而揭示其内部变化规律，并以此寻求有效举措来实现景观恢复，建立可持续的生态系统。

当前对于城市森林景观格局以及其在景观尺度上的动态演变过程的研究，成了林业和森林学研究的热点。对于城市森林空间格局和景观尺度生态过程的研究已成为城市林业研究的热点。通过对森林景观格局和过程的研究，人们能够加深对城市森林的功能和结构组成的认识与理解，从而意识到维护城市景观异质性的必要性，以此更好地发挥城市森林的服务功能。

5.2 国内外研究现状

5.2.1 森林景观分类

森林景观类型的划分依据是不同景观要素及其构成形式，从而确定了各类型的空间分布形式，为研究森林景观格局奠定基础。同时，景观类型划分的首要依据通常是外在特征，结合固有分类系统及分类要求进行划分，根据研究区的具体情况及研究分析要求，调整部分划分标准，同时注意满足划分条件的独立性和完全不重合性。

由于国内外学者的专业方向、研究目的和对景观定义的理解不尽相同，出现了多种多样的景观分类方法。例如，何兴元等（2004）从植被类型和功能的角度，将城市森林分为 5 个大类、16 个亚类，其大类从功能角度划分，包含道路林、生产经营林、附属庭院林、生态公益林以及风景游憩林。陈端吕等（2008）将森林景观归并为杉木类、竹类、松类、柏木类、阔叶类、非林地、经济林和灌木类，共 8 种景观类别。周亚东等（2015）将海南岛的森林景观划分为天然林、人工林、灌木林、农地、水域和其他非林地共 6 类。孙拥康等

(2016）依据地类、植被和地形因素，遵循研究区植被分布规律，运用了独特的三级分类方法，将研究区森林景观划分为无林地类、松类、杉类、速阔类、阔叶混交类、针阔混交类、针针混交类共7类景观类型。

Christian等（2017）利用2001—2012年间的土地覆盖类型全球数据集，总结规律并预测了卡廷加植物地理区景观格局的变化，此研究所用数据为卫星直接分类处理后的影像，遵循统一分类标准。

综上，为使分类更加完善且避免出现理解有误或含义不明的情况，在今后的研究中，可以尽量按照官方提供的森林景观划分标准先行划分景观类型，再依据研究地的实际情况和研究的需要做适当增减调整。

5.2.2 森林景观格局演变及其驱动力机制

研究景观格局演变的驱动因素，对于认识景观格局的动态演变规律、预测未来的变化趋势，从而采取一定预防措施等方面有着重要意义。而导致森林格局改变的主要原因可以简单概括为两个方面，即人为驱动和自然驱动。通常处在较短时间尺度内，自然驱动因子变化不大，具有累积效应，而人为驱动因子则一直处于相对活跃状态。人为驱动力包括科学技术的发展、人口变化、经济增长、产业变迁、价值观念、制度变革以及政治经济结构等方面。而自然驱动力则为地形、地貌、光照、水文、气候、土壤条件等方面。

国内外学者也对此进行了研究，如Nuri Bozali等（2015）对土耳其某地1992年至2012年森林结构的时空变异性进行研究，发现人为将林地的造林处理、恢复和改造为乔木林是推动研究区森林覆盖变化的主要力量。Godefroid等（2007）在研究某地城市未开垦地的主要植被的分布构成时，同时考虑了19种环境变量，发现土壤pH值、土壤湿度、土壤营养物质和光照等因素显著影响了该地植物构成。

路鹏（2006）以桃源县三个不同时期的TM影像为研究基础，对研究区景观格局变化的主要驱动力进行分析，得出主要驱动因子为农村社会总产值、劳动力密度、劳动力总数等，不同驱动因子影响着不同的典型变量。阙晨曦等

（2017）在 RS 和 ArcGIS 技术的支持下，通过解译 4 期遥感影像，对福州国家森林公园的景观格局进行量化分析，发现影响该地植被分布特性的主要因素是自然因素，而第一产业、地区总产值、人口数量这三种社会因素对景观格局影响最大。

5.2.3 森林景观格局分析

目前关于景观格局的研究，大致可分为两个方面：一是对于其异质性进行研究，包括分析研究其空间分布特征，涉及景观格局指数；二是研究其景观格局的动态演变规律，即时间异质性问题。随着科学技术的发展，对于景观格局的研究分析，学者所使用的传统的定性描述方法逐渐转变为目前常用的空间叠加分析与定量统计相结合的方法。目前经常使用的研究方法有：环境梯度方法，历史动态监测法，景观格局指数法，模型模拟方法。本书采用的是景观格局指数法与空间统计相结合的方法。

目前以西湖风景名胜区作为研究区，并涉及其森林资源管理和生态结构方面内容的研究，主要集中在西湖风景名胜区的种群、群落和生态系统这些较小的尺度上，缺少对于宏观层面的森林景观生态格局的研究。本书从该区域的森林景观格局方面切入，对此进行了补充。

5.3 研究对象、研究方法及数据处理

5.3.1 研究对象与研究方法

5.3.1.1 研究对象

本书的研究区域是西湖风景名胜区，以其森林植被为研究对象，多分布在西湖山区一带（图 5.1）。研究区为亚热带季风气候，其特点是四季分明。研究区森林植被覆盖面积约 5.7 万亩，其植被主要为常绿阔叶林和落叶阔叶林交杂分布，属于水平地带性植被类型，可作为研究我国亚热带常绿阔叶林分布特征的典型案例。

图 5.1　研究区范围

5.3.1.2　研究方法

1. ArcGIS 空间分析法

ArcGIS 空间分析法是在定性分析的基础上，以定量分析为主，通过地理信息系统 ArcGIS10.2 进行空间分析，提取坡度、海拔、坡向，得出分析统计图与数据。

2. 景观指数分析法

景观指数分析法是选取合适的景观指标，代入公式，并运用景观格局计算软件 FRAGSTATS 和 Excel 软件处理数据，将复杂的数据以较为直观、简明的形式呈现出来，便于分析研究结果并总结。

5.3.2　遥感与森林资源数据来源和处理

本书使用的遥感数据来源于 Google Earth，为像素分辨率 0.52 m 的 GE 卫星图。以 2017 年西湖风景名胜区森林资源二类普查数据为主，空间数据采用 WGS 1984 Transverse Mercator 投影坐标系，数据格式为 Shapefile；图形数据库将 1∶5 000 地形图作为底图，并通过勾绘得到林业小班图形数据。通过 ArcGIS 软件编辑修改该研究区森林资源矢量数据，提取需要的信息作为基础数据用以研究分析。

5.3.3 地形数据处理

对获得的 1∶5 000 地形图进行校正后，通过地理信息系统软件进行扫描矢量化，赋值等高线，生成空间分辨率为 10 m×10 m 的数字高程模型（DEM），从而提取得到坡度、坡向及高程。

5.4 西湖风景名胜区森林景观格局特征分析

5.4.1 森林植被分类原则

西湖风景名胜区的森林植被分布受地形、地貌、气候、水文以及人类活动等因子影响，各植被群落呈现不同的区位分布。根据研究区的森林分布现状和研究需求，本书采取了调查数据中显示的土地利用类型以及小班优势树种两个因子来对其森林景观进行划分，主要划分为林地和非林地两大类，然后在大类下根据优势树种进行细分。而参考了《浙江森林》和《中国植被》中对于森林景观的分类系统和划分原则，西湖风景名胜区的森林植被可划分为常绿阔叶林、竹林、针叶林、针阔叶混交林、常绿落叶阔叶林、落叶阔叶林，并增加研究范围内较为典型的茶园，共 7 个森林植被类型。同时结合土地利用类型，研究区景观类型共分为 9 种，即针叶林景观、茶园景观、竹林景观、常绿阔叶林景观、落叶阔叶林景观、草地景观、针叶阔叶混交林景观、常绿落叶混交林景观、非林地景观（主要包含耕地、建筑、道路、水体等）。

对森林资源数据进行矢量编辑，利用 ArcGIS 重分类的功能将景观类型相同的小班进行融合，得到西湖风景名胜区森林景观分布图（图 5.2）。

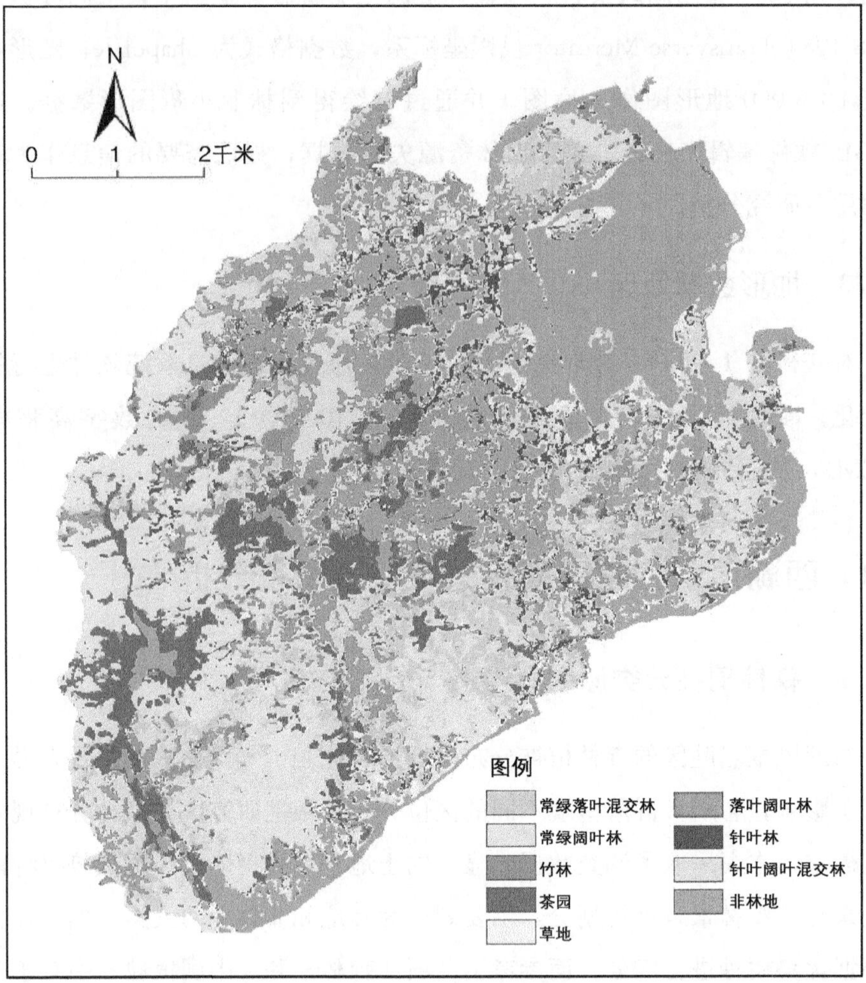

图 5.2　西湖风景名胜区森林景观分布

5.4.2　地形因子分级标准

5.4.2.1　海拔

为研究各森林植被随海拔变化的规律，将所得 DEM 图数据按高程值进行分级。由于西湖风景名胜区的总体海拔变化幅度不大，为使研究结果显示更加直观，通过 ArcGIS 软件的 Reclassify 功能将高程数据分为 8 个等级，以 50 米为一个间隔，如图 5.3 所示。

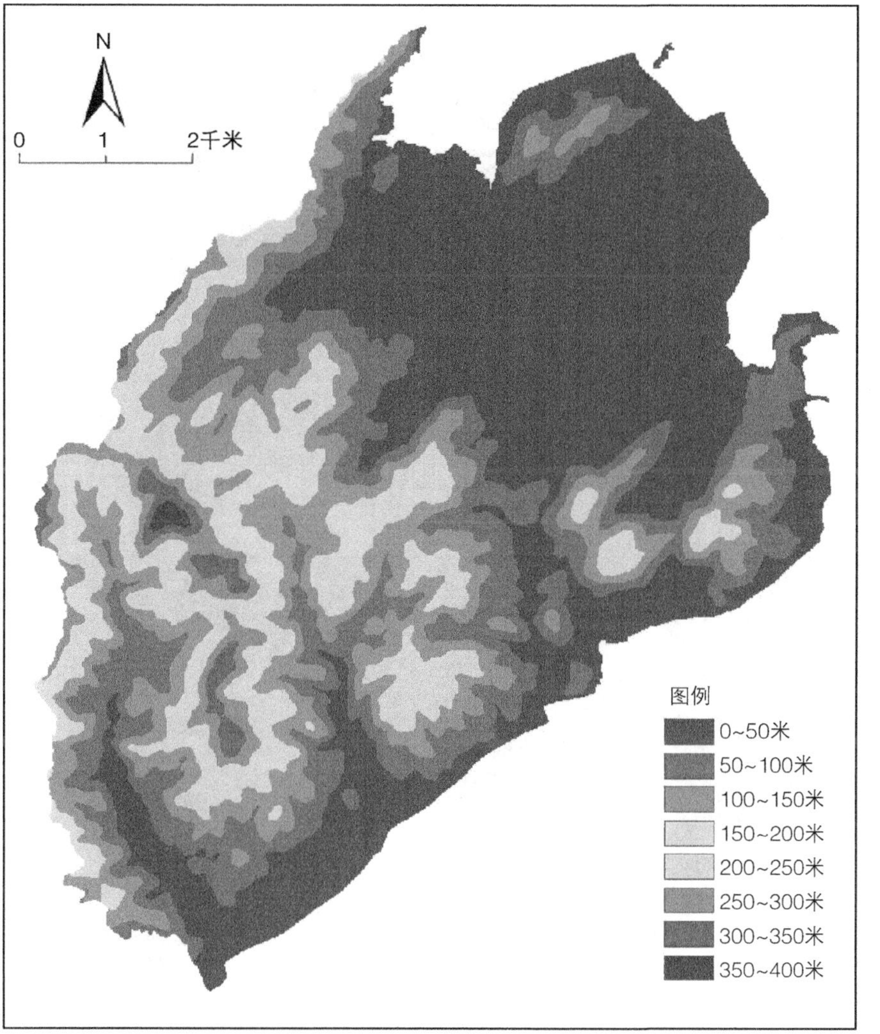

图 5.3　西湖风景名胜区按高程分级

5.4.2.2　坡度

运用软件的空间分析功能，通过坡度提取工具对 DEM 栅格数据进行处理，提取坡度。并根据研究区的实际情况及研究需求，为了体现坡度带的特征，同样通过重分类命令将坡度按从小到大分成 6 个等级，即平坡（0°～5°）、缓坡（6°～15°）、斜坡（16°～25°）、陡坡（26°～35°）、急坡（36°～45°）和险坡（大于 46°），如图 5.4 所示。

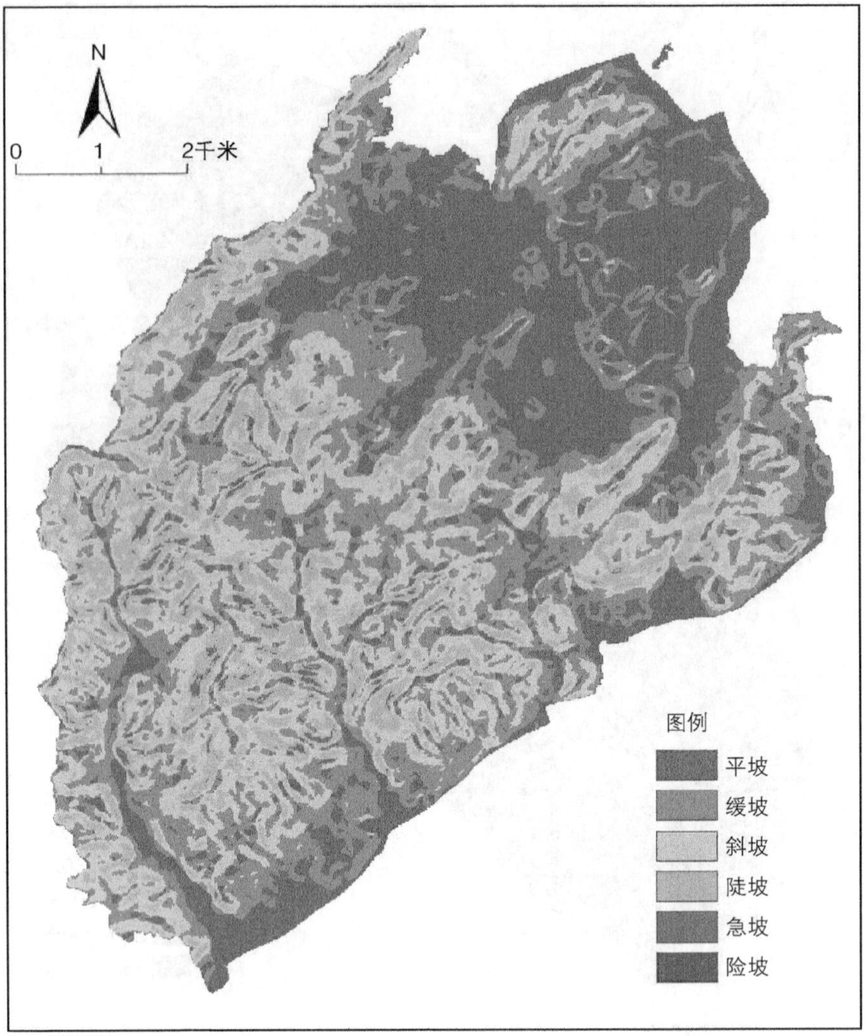

图 5.4 西湖风景名胜区按坡度分级

5.4.2.3 坡向

在 ArcGIS 环境中，通过 aspect 命令对 DEM 数据进行处理，提取坡度。按顺时针方向计算，坡向值的范围为 0°～360°。通常规定坡向的正北方向为 0°，正东方向为 90°，正南方向为 180°，正西方向为 270°。将坡向划分成 8 个方位，其中阴坡、半阴坡分别为北（0°～22.5°以及 337.5°～360°）、东北（22.5°～67.5°）、东（67.5°～112.5°）、西北（292.5°～337.5°）；而阳坡、半阳坡为东南（112.5°～157.5°）、南（157.5°～202.5°）、西南（202.5°～247.5°）、西（247.5°～292.5°），如图 5.5 所示。

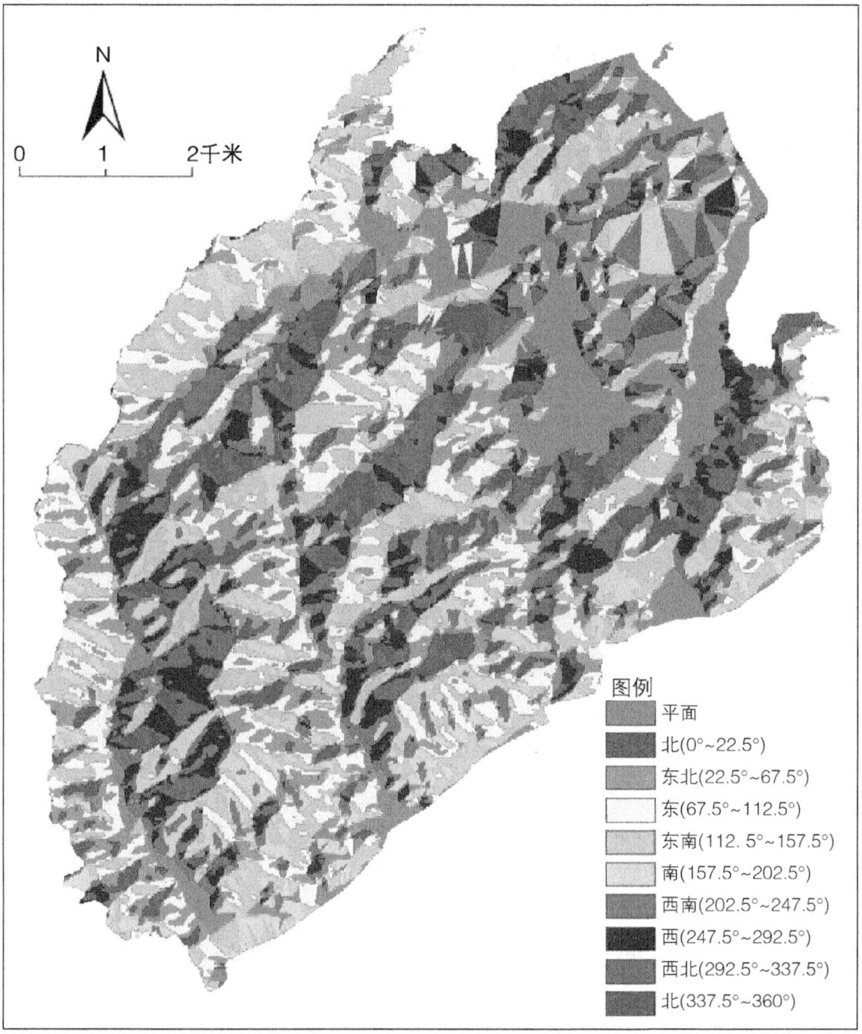

图 5.5　西湖风景名胜区按坡向分级

5.4.3　景观格局分析指标及计算方法

采用 ArcGIS 软件将矢量数据转换为 grid 格式数据，利用景观分析软件 FRAGSTATS 和 Excel 软件对研究区的景观格局进行分析和计算。本书结合西湖风景名胜区森林景观的特点和研究需求，从类型水平和景观水平两个层次入手，选择合适的景观格局指数，使其能够尽可能从不同角度体现景观异质性，并避免出现重复性的指标，计算不同景观类型的平均斑块面积、斑块密度、最大斑块指数等 9 个指标，具体计算方法见表 5.1。

表 5.1　研究区景观格局评价指标

景观指数	公式	描述
景观类型面积	$CA = a_{ij}$	景观类型面积是指区域所有斑块或同一类型斑块面积之和，其中，a_{ij} 为某类型景观的面积
斑块数	$NP = n_i$	斑块数是指景观斑块总数，反映景观破碎程度，其中，n_i 为景观中斑块类型 i 的斑块数量
平均斑块面积	$AREA_{MN} = \frac{\max\limits_{j=1}^{n}(a_{ij})}{n_i}$	平均斑块面积是指同一斑块类型的平均斑块面积，其中，n_i 为景观中斑块类型 i 的斑块数量
景观比例	$PLAND = \frac{\sum\limits_{j=1}^{n} a_{ij}}{A} \times 100\%$	景观比例是指某一类型斑块的总面积占全部景观面积的比例，其中，A 为景观总面积
斑块密度	$PD = \frac{n_i}{A}$	斑块密度反映了景观破碎程度，PD 值越大，破碎化程度越高，其中，n_i 为斑块类型 i 的斑块数量，A 为景观总面积
最大斑块指数	$LPI = \frac{\max\limits_{j=1}^{n}(a_{ij})}{A} \times 100\%$	最大斑块指数是指最大斑块面积占总景观面积的比例，是斑块水平上优势度的量度，其中，a_{ij} 为某类型景观中最大斑块面积
边缘长度	$TE = \sum\limits_{k=1}^{m} e_{ik}$	边缘长度是指景观中所有斑块边界的总长度，其中，e_{ik} 为景观类型 i 的边缘总长度
边缘密度	$ED = \frac{\sum\limits_{k=1}^{m} e_{ik}}{A}$	边缘密度可以用来指示景观或某一类型的破碎化程度
景观形状指数	$LSI = \frac{0.25 e_{ik}}{\sqrt{A}}$	景观形状指数是指数描述景观斑块形状的规则程度。当景观中只存在一个正方形斑块时，$LSI = 1$；当景观中存在的斑块偏离正方形或呈不规则形状时，LSI 值增大

5.4.4 结果分析

5.4.4.1 森林景观类型尺度斑块特征

由表 5.2 数据经过简易计算可得，西湖风景名胜区森林景观可分为 9 个类型，共有斑块 16 318 个，总面积 59 762 668 平方米，约 59.8 平方千米。因为该数据由矢量图形计算得出，与实际情况存在一定误差，对比调查得到的 59.04 平方千米的研究区总面积，误差较小，提高了研究数据及结论的可靠程度。表中非林地景观类型只占总面积的 27.94%，可见整体上西湖风景名胜区有较高的森林覆盖率。

表 5.2 研究区森林景观类型尺度斑块特征

尺度	景观类型	景观类型面积/平方米	景观比例	斑块数	最大斑块指数	平均斑块面积/平方米
景观类型水平	茶园	5 255 611.81	8.79%	1 207	0.012	4 354.28
	竹林	1 607 117.31	2.69%	971	0.003	1 655.12
	常绿阔叶林	12 600 000	21.08%	2 690	0.041	4 684.01
	落叶阔叶林	8 698 387.66	14.55%	2 371	0.02	3 668.66
	草地	2 248 548.88	3.76%	2045	0.001	1 099.53
	针叶阔叶混交林	8 483 903.85	14.2%	3 866	0.01	2 194.49
	常绿落叶混交林	4 336 758.7	7.26%	1 376	0.007	3 151.71
	针叶林	202 152.11	0.34%	279	0.001	724.56
	非林地	16 700 000	27.94%	1513	0.142	11 037.67

对非林地景观以外的 8 个景观类型的数据进行横向比较。其中常绿阔叶林景观约占整个研究区总面积的五分之一，从各项数据来看，相较其他景观类型，具有集中成片分布的特点，是该区优势景观类型。而其他景观从面积上看有显著差异，将各类型景观按面积由大到小依次排列，前二为落叶阔叶林、针叶阔叶混交林；排行后三位为草地、竹林以及针叶林。其中落叶阔叶林和针叶阔叶混交林景观这两类所占该研究区面积比例接近 15%，作为西

湖风景名胜区森林景观的重要构成部分，发挥了保护物种多样性、维护生态系统稳定性的巨大作用；而排名后三位的三种景观类型在研究区总面积的占比均不足4%。从斑块数量上看，针叶阔叶混交林景观相较于其他类型数量最多，而常绿阔叶林和落叶阔叶林数量相近，位居其次。可以看到常绿阔叶林和茶园这两种景观类型分布较为聚集，因为其平均斑块面积较大，均达到4 000平方米以上。

结合各景观平均斑块面积和最大斑块指数这两项来看，非林地的数据高居首位，与其他类型有着明显差距，表明该类型景观存在少数较大斑块，影响着其景观分布，并受到人类活动干扰较大。除此之外，草地、竹林、针叶林由于受到人类调控以及气候条件影响，面积普遍较小，因此最大斑块指数较小，几乎不存在大的斑块。

5.4.4.2 森林景观类型景观格局特征

各森林景观类型的景观指数和形状指数见表5.3。由表可见，针叶阔叶混交林景观虽然面积占比小，只有14.2%，但斑块数量多、密度大，所以这类景观分布破碎，且受人类活动影响较大；从各类型景观的斑块密度来看，针叶林的数值最小，为0.05个/平方公顷，竹林、茶园、常绿落叶混交林和非林地景观位居其次，均为斑块数量较少的景观类型，但其中只有竹林因为平均斑块面积较小，分布情况比较破碎且零散；与之相反的是另外三种景观类型，由于平均斑块面积较大，虽然斑块总面积较大，其斑块密度也偏小。

从边缘密度上看，各景观类型之间有着较大差异，其中针叶阔叶混交林最大，为113.51米/平方公顷，常绿阔叶林、落叶阔叶林和非林地均超过80米/平方公顷，而针叶林最小，不足5米/平方公顷。针叶阔叶混交林和常绿阔叶林边缘密度数值较大，明显高于其他景观类型，可以推断影响其景观分布的主要因素是人类活动。值得注意的是竹林景观，通过查阅资料了解到，这类物种的特点是生存和扩散能力都很强，具有显著的排他性。如果不通过人为干扰施加限制，其集中分布区的面积会逐年扩大，对竹林周边的自然植物群落造成侵蚀，最终导致自然林地面积的减少以及区域生物多样性降低。

结合研究区森林景观分类图以及表5.3中斑块密度项可以看出，整体而言，西湖风景名胜区的森林景观破碎化程度较高，各种森林景观类型呈交错分布。这种现象虽然可能在一定程度上丰富了其整体的植物景观，但会对区域内的物种多样性造成负面影响。

表 5.3　研究区森林景观类型景观格局特征

尺度	景观类型	斑块密度 /（个/平方公顷）	边缘密度 /（米/平方公顷）	景观形状指数	归一化景观形状指数
景观类型水平	茶园	0.2	41.25	31.88	0.08
	竹林	0.16	23.13	17.88	0.04
	常绿阔叶林	0.45	93.2	72.05	0.17
	落叶阔叶林	0.4	88.48	68.4	0.16
	草地	0.34	44.32	34.26	0.08
	针叶阔叶混交林	0.65	113.51	87.74	0.21
	常绿落叶混交林	0.23	50.11	38.73	0.09
	针叶林	0.05	4.64	3.59	0.01
	非林地	0.25	81.62	63.1	0.15

5.4.4.3　森林植被分布格局与地形因子的关系

森林植被的景观分布格局通常受到多种因素影响，包括人为因素和自然因素。在影响森林景观异质性的各种自然因素中，地形是主要因素之一，不同地形地貌造就了多种多样的群落结构，从而或多或少地影响着景观格局。

1. *森林植被分布格局与海拔的关系*

海拔的高低会影响植物生长环境中气温与空气湿度的变化，进而影响植物群落的构成。运用 ArcGIS 空间分析功能，将西湖风景名胜区森林各景观类型分布图与高程分级图进行矢量叠加，并以此为依据对不同海拔区域内的景观类型、面积以及针对各类型景观在不同海拔等级的分布情况进行分析和统计，得到图 5.6 和表 5.4。

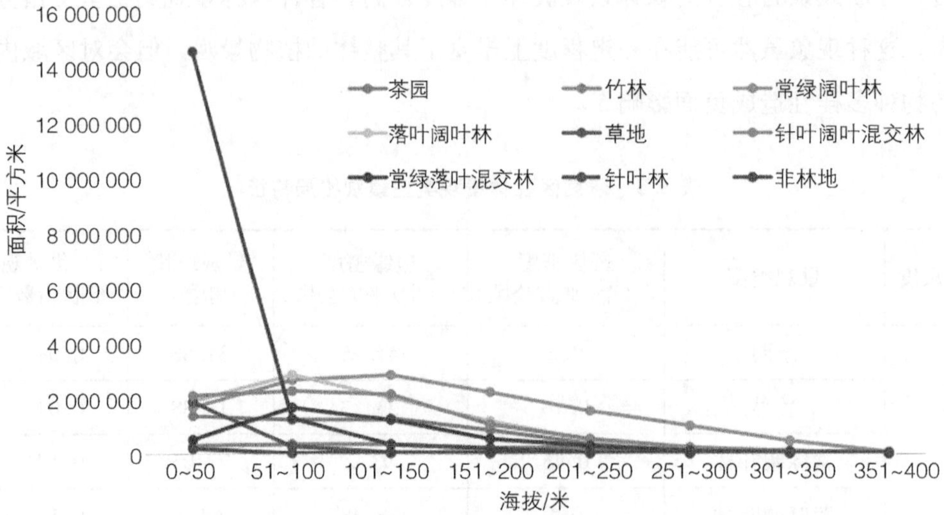

图 5.6 不同森林景观类型沿海拔分布

表 5.4 不同森林景观类型沿海拔分布的情况

海拔/米	茶园	竹林	常绿阔叶林	落叶阔叶林	草地	针叶阔叶混交林	常绿落叶混交林	针叶林	非林地
0～50	25.97%	17.79%	13.4%	21.86%	83.73%	24.87%	11.4%	83.32%	88.37%
51～100	23.44%	21.3%	21.37%	33.07%	11.51%	26.94%	38.68%	7.87%	7.69%
101～150	24.37%	20.19%	22.83%	23.58%	2.14%	25.55%	28.22%	6.65%	2.02%
151～200	16.29%	13.32%	17.86%	13.64%	0.86%	12.48%	12.24%	2.05%	1.1%
201～250	6.71%	11.54%	12.37%	5.47%	0.58%	6.27%	6.34%	0.11%	0.29%
251～300	2.43%	9.14%	8.04%	0.18%	0.3%	2.74%	2.25%	0	0.27%
301～350	0.77%	5.81%	3.63%	0.06%	0.67%	1.12%	0.77%	0	0.2%
351～400	0.01%	0.91%	0.5%	0.005%	0.2%	0.04%	0.1%	0	0.05%

由图 5.6 和表 5.4 可以看出，随着海拔高度的变化，研究区各景观类型呈现垂直分异的分布规律。研究区内大部分森林景观分布在海拔 250 米以下，非林地在海拔 50 米以下有着绝对优势，并且草地和针叶林绝大部分也分布于此。落叶阔叶林景观在海拔 51～100 米范围内分布面积较大。值得注意的是，在海

拔 101～400 米范围内，常绿阔叶林景观一直处于明显的优势地位。除此之外，对各景观类型分布的特点进行分析，落叶阔叶林和常绿落叶混交林景观在海拔 51～100 米范围内分布较广；茶园、竹林和针叶阔叶混交林景观在海拔 0～150 米范围内呈现均匀分布；常绿阔叶林景观有着类似正态分布的分布特点，主要集中分布在海拔 51～200 米范围内；非林地景观主要集中在海拔 0～50 米范围内，之后的分布面积与海拔成反比。

综上，低海拔地区由于适合人类活动，植物生长容易受到影响，非林地多集中分布于此，较少出现其他类型景观。而在高海拔地区，由于降水较少、气温较低等原因，在高于海拔 300 米的区域内，各景观类型分布较少。同时，也明显看到人工培育的竹林，这种植被有着强大的生命力和适应能力，这种特性使其不断挤占周围自然群落的生存空间，破坏研究区生态系统的稳定性和生物的多样性。

2. 森林植被分布格局与坡度的关系

坡度通过影响光照、土壤、水分等植物生长的必要条件影响着植被的生长，从而形成和改变一定范围内的植被格局。运用地理信息系统提取研究区的坡度数据并加以分级，然后与西湖风景名胜区的森林景观分布图矢量叠加，对各坡度区域内各类型景观的分布状况进行统计，得到图 5.7 和表 5.5。

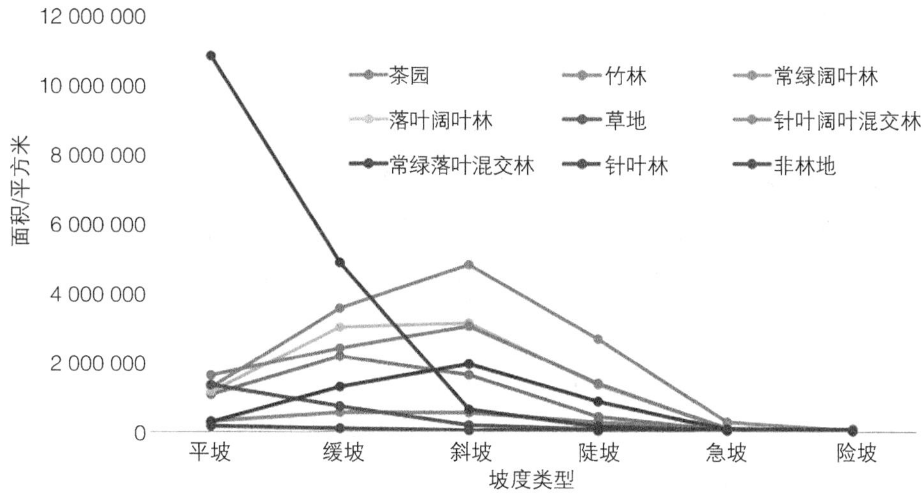

图 5.7　不同森林景观类型沿坡度分布

表 5.5　不同森林景观类型沿坡度分布的情况

坡度类型	茶园	竹林	常绿阔叶林	落叶阔叶林	草地	针叶阔叶混交林	常绿落叶混交林	针叶林	非林地
平坡	19.85%	16.62%	9.98%	12.96%	59.19%	18.98%	5.7%	65.2%	65.9%
缓坡	41.12%	31.81%	28.33%	34.66%	31.56%	28.23%	29.3%	31.16%	29.52%
斜坡	30.80%	31.6%	38.38%	36.05%	7.17%	35.77%	44.61%	2.89%	3.71%
陡坡	7.84%	15.01%	21.29%	15.35%	1.8%	16.24%	19.57%	0.66%	0.75%
急坡	0.38%	1.7%	2.01%	0.97%	0.29%	0.78%	0.83%	0.09%	0.12%
险坡	0.01%	3.26%	0.002%	0.003%	0	0	0	0	0

从图 5.7 和表 5.5 可以看出，除个别类型，研究区大部分森林景观在不同坡度区域内的分布规律大致接近正态分布，呈现先增后减的特点。其中非林地景观由建筑、耕地、道路等构成，由于坡度越大越不适宜农作物的生长和人类的生产生活，所以绝大部分分布在平坡和缓坡地带。草地和针叶林景观在平坡分布最广，之后其分布面积逐渐减少。由表 5.5 可以看出，各类型景观主要分布在缓坡和斜坡地带，分析原因是其土壤肥力充足，且人类活动较多，所以针叶阔叶混交林、常绿阔叶林这类植被大部分分布于此。而陡坡因为较少受到人类活动干扰，土壤肥力比较充足，所以也有一定面积的景观分布。险坡和急坡由于经常受土壤滑动和雨水冲刷的影响，稀薄贫瘠的土壤不适合植物生长，很少存在森林植被覆盖。

3. *森林植被分布格局与坡向的关系*

坡向能够显著影响光照的强度和时间，从而影响植物生长。运用地理信息系统提取研究区的坡向数据并加以分级，然后与西湖风景名胜区的森林景观分布图矢量叠加，从而研究分析植被分布与坡向之间的关系，得到图 5.8 和表 5.6。

从图 5.8 和表 5.6 可以看出，各森林景观类型大致呈均匀分布态势。常绿阔叶林、非林地、针叶阔叶混交林、落叶阔叶林等多个景观类型在东南坡分布最多；而茶园在东坡分布稍多一些；常绿落叶混交林在北坡分布最多。整体而言，在阴、半阴坡区域，茶园、竹林、落叶阔叶林以及常绿落叶混交林景观分

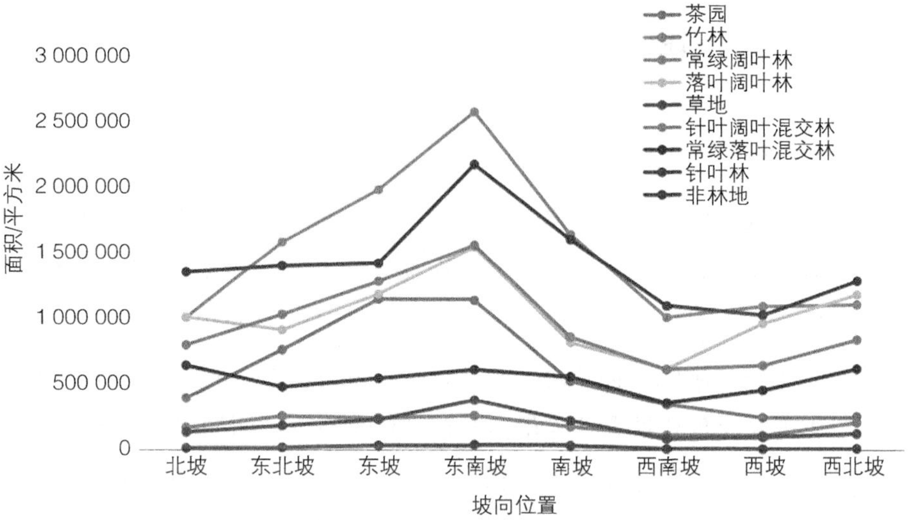

图 5.8　不同森林景观类型沿坡向分布

表 5.6　不同森林景观类型沿坡向分布的情况

坡向位置		茶园	竹林	常绿阔叶林	落叶阔叶林	草地	针叶阔叶混交林	常绿落叶混交林	针叶林	非林地
阴、半阴坡	北坡	8.14%	10.96%	8.39%	12.28%	9.1%	10.46%	15.08%	6.4%	11.91%
	东北坡	15.88%	16.85%	13.19%	11.08%	12.58%	13.52%	11.24%	10.69%	12.33%
	东坡	23.95%	15.89%	16.53%	14.41%	15.81%	16.83%	12.76%	22.21%	12.5%
	西北坡	5.2%	13.53%	9.19%	14.35%	8.29%	10.98%	14.47%	4.57%	11.3%
	小计	53.16%	57.24%	47.3%	52.12%	45.78%	51.78%	53.56%	43.88%	48.04%
阳、半阳坡	东南坡	23.76%	17.16%	21.5%	18.79%	26.49%	20.48%	14.34%	27.36%	19.15%
	南坡	10.92%	11.55%	13.69%	9.93%	15.43%	11.28%	13.08%	22.75%	14.11%
	西南坡	7.13%	7.14%	8.4%	7.47%	5.74%	8.03%	8.37%	4.21%	9.66%
	西坡	5.03%	6.92%	9.1%	11.69%	6.56%	8.42%	10.65%	1.8%	9.03%
	小计	46.84%	42.76%	52.7%	47.88%	54.22%	48.22%	46.44%	56.12%	51.96%

布更多；在阳、半阳坡区域，草地和针叶林分布面积更大；而针叶阔叶混交林和非林地景观在阴、半阴坡与阳、半阳坡的分布面积大致相同。造成这种现象的主要原因是植被自身的特性。

5.5 结论与不足

5.5.1 主要结论

（1）西湖风景名胜区森林覆盖程度偏高。各景观类型占据面积比例不一，常绿阔叶林、落叶阔叶林和针叶阔叶混交林景观类型分布较广，作为构成该区森林景观的重要组成部分，面积占比高达10%以上，对该区的生态系统和生态结构产生了重要影响。而草地、竹林以及针叶林景观面积占比均不足4%。

（2）从斑块分布和景观破碎化程度看，总体而言，西湖风景名胜区的森林景观破碎度较高，各种景观类型交错分布。竹林、草地和茶园景观类型由人类培育，受人类活动影响很大，其中茶园占地面积较广，是由于人类种植呈集中连片分布，而草地和竹林景观破碎化程度较高，分布零散。

（3）通过探究森林植被分布格局与海拔的关系发现，研究区森林景观随海拔变化体现垂直分异的规律。由于人为因素，低海拔地区主要分布有非林地，少见其他类型景观分布；研究区大部分植被分布于海拔50～250米；在高于海拔300米的高海拔区域，各景观类型分布较少，推测原因是气温降低、降水减少。

（4）通过探究森林植被分布格局与坡度的关系发现，除非林地大部分集中于平坡以外，其余景观类型的面积分布大体随坡度增加而呈先增大再减小的类似正态分布的规律，并在斜坡达到最高值。导致这种情况的主要原因是人类活动干扰和土壤条件的制约。

（5）通过探究森林植被分布格局与坡向的关系发现，各景观类型大体上呈均匀分布态势。常绿阔叶林、非林地、针叶阔叶混交林、落叶阔叶林等景观类型在东南坡分布最多；而茶园在东坡分布稍多一些；常绿落叶混交林在北坡分布最多。总的来看，针叶阔叶混交林和非林地景观在阴、半阴坡与阳、半阳坡的分布面积大致相同；在阴、半阴坡，茶园、竹林、落叶阔叶林以及常绿落叶混交林景观分布较多；在阳、半阳坡，草地和针叶林分布面积更大，这些现象主要源于植物的生长特性。

（6）研究发现，该研究区景观分布破碎，易造成生态结构的不稳定，破坏生物多样性，应采取措施进行改善。同时通过适当的人为调控来控制竹林景观对周边自然林的侵蚀。

5.5.2 不足之处

本书应用地理信息技术以及景观生态学原理和方法，定量和定性地研究了西湖风景名胜区森林景观格局的特征，但由于资料和水平有限，还有许多问题需要进一步完善，具体包括以下四个方面。

（1）景观格局通常是地形、地貌、生物过程、气候条件以及干扰体系相互作用的结果，本书只选择其中的地形因素进行研究，未考虑多种因素及其相互作用的影响，需要进一步深入探讨。

（2）景观分类方法是根据研究区实际情况和研究需要并依据森林分类原则制定的。由于景观分类方法的不同，会对森林景观格局研究的结果造成不同的影响。本书使用森林资源二类普查数据，对非林地的分类不够细致，需要进一步完善现有的分类方法。

（3）对于景观指数的选取，本书只从景观水平和类型水平方面选取了几个基础的且较具有代表性的指标，而景观格局的研究涉及的指数繁多，需要选取更有针对性、更复杂的指数来深入研究。

（4）本研究利用的数据较单一，没有从时空尺度上对研究区森林景观格局的空间演变进行分析研究。

第 6 章

西湖风景名胜区公路及古道植物景观评价

西湖风景名胜区拥有深厚的历史人文底蕴，在将近两千年的历史变迁中逐渐形成了“两堤三岛”的景观格局以及“三面云山一面城”的城湖空间关系。作为著名的旅游胜地，西湖风景名胜区道路的布局与走向也适应景区的自然地形和风景特征，路旁绿化布置也与其独特的风景风貌有着密不可分的联系，如湖滨的柳浪、白堤的红桃、北山的法桐、龙井的枫香，已融入整个西湖风景名胜区景观格局之中。

西湖风景名胜区拥有众多著名景点及人文遗迹，景区公路贯穿其中，作为联系各个景点的纽带，供游人更加合理地规划游览线路。近年来，随着西湖风景名胜区南线景区的建设、湖西综合保护三大工程的改造，西湖风景名胜区的旅游压力日益增加。景区公路的规划及建成，将大大改善整个景区的道路通行能力。西湖风景名胜区是享有盛誉的国家级景区，但同时紧邻城市中心区，构成了“城湖一体、城湖相通”的空间格局。因此，景区公路不仅要满足内部交通，同时要兼顾外部交通问题，缓解湖滨地区的城市中心区功能和旅游服务功能之间的矛盾，引导旅游交通合理发展，增强西湖风景名胜区的服务水平及服务质量。

本书选择了西湖风景名胜区 4 条景区公路（龙井路、虎跑路、梅灵路及满觉陇路）为研究对象。这 4 条景区公路连接着西湖风景名胜区众多著名景点，因其周围历史人文及地形地貌的不同，构建了不同的道路景观，形成了各自的道路风格特征（图 6. 1）。

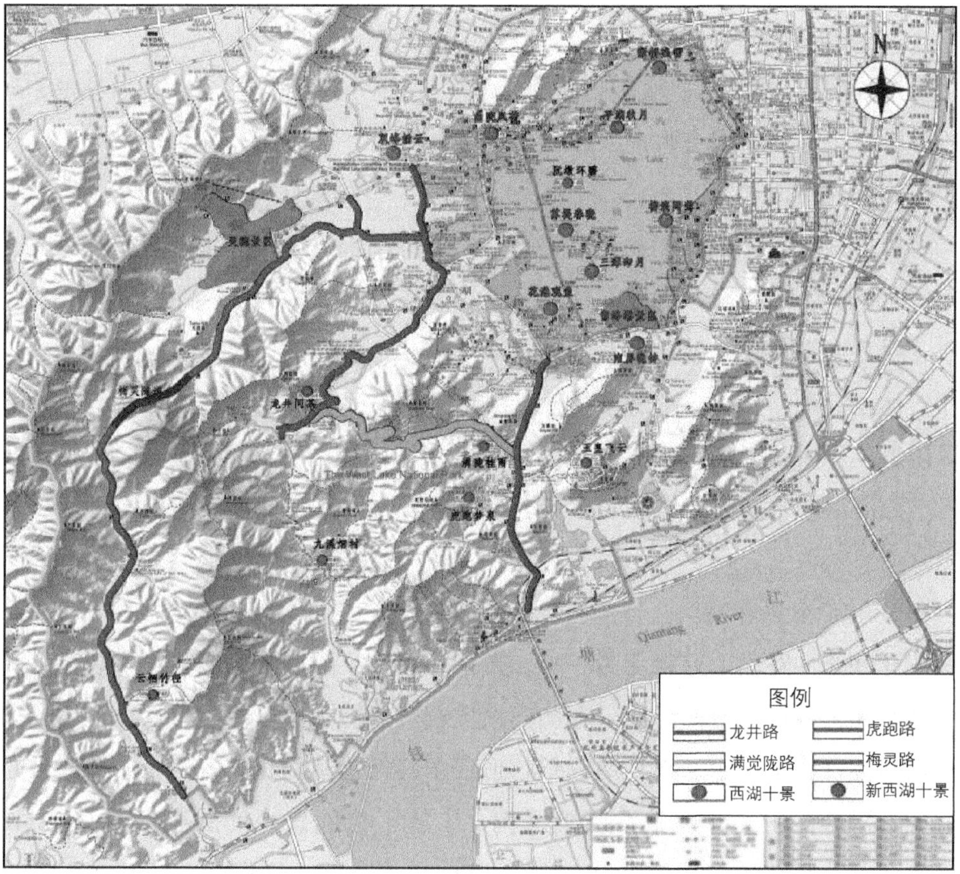

图 6.1　景区公路分布

6.1　西湖风景名胜区公路植物景观

6.1.1　龙井路

6.1.1.1　概况

龙井路全长 5.18 千米，除交通运输功能以外，还承担着市民、游客观光旅游、散步的功能。主路段道路规格为双向两车道，无中央隔离带。道路沿线居民的农业生产主要以茶业为主。

6.1.1.2 植物景观现状

1. 沿线自然环境

海拔高程为 26 米。植被以枫香为主，另外分布有红枫、青楹、苍柏、翠竹等常绿树种；周围有大片茶园，处丘陵地带。

2. 沿线人文环境

旅游景点：龙泓涧景区、龙井八景、龙井古址、翠峰阁、浙江辛亥革命纪念馆、浙军攻克金陵阵亡将士墓、方圆庵、过溪亭、风篁阁、龙井泉、十里琅珰等。

村落：茶人村、双峰村等。

休闲活动：一些居民在闲暇时会在周围的景区走走逛逛，或者和好友、邻居闲逛、下棋。

旅游活动：多以杭州本地和周边地区游客为主，是他们周末、节假日的休闲之所。

3. 现状植物景观

龙井路主路段道路绿化为一板二带式，无中央隔离带。两侧植被以高大乔木枫香为主，形成自然绿荫。左侧间植桂花，树冠圆整，搭配下层灌木八角金盘，地被以麦冬为主，孤植南天竹，形成了高低错落的道路景观；右侧主要以海桐、翠竹为主，保留整体历史风貌，丰富了植物景观的层次（图 6.2，图 6.3）。龙井路部分路段在两侧交错种植桃树、香樟、红枫及苍柏，搭配迎春花，既可四季常青，又有季相变化，提升了道路景观的色彩丰富度（表 6.1）。

表 6.1　龙井路的主要植物

位置	乔木	灌木	地被	主要科目
两侧（左）	枫香	桂花、八角金盘、茶	南天竹、麦冬	金缕梅科、木樨科、五加科、山茶科、小檗科、百合科
两侧（右）	枫香	海桐、翠竹	麦冬	金缕梅科、海桐科、禾本科、百合科
人行道	枫香	—	麦冬	裸子植物杉科、百合科
两侧（部分路段）	桃树、香樟、红枫、苍柏	迎春花	—	蔷薇科、樟科、木樨科、槭树科

图 6.2　龙井路绿化现状

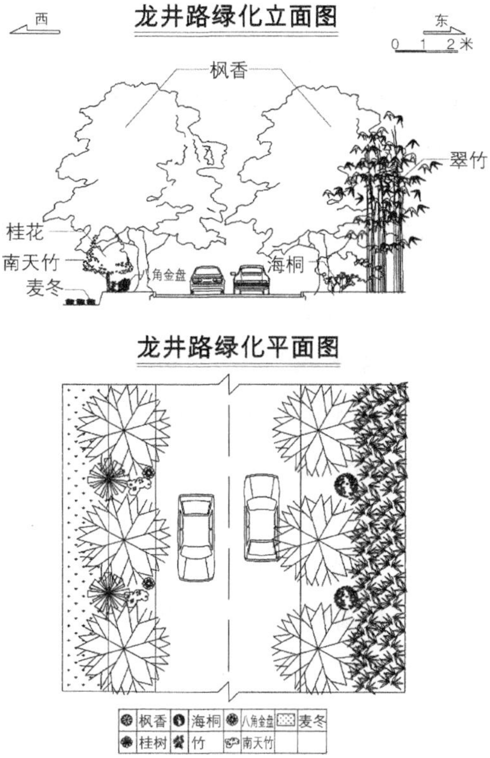

图 6.3　龙井路绿化立面、平面图

6.1.1.3　植物景观评价

龙井路主要以枫香为主，结合道路两侧错落分布的翠竹、鸡爪槭、马尾松等常绿、落叶树种，在道路植物景观色彩配置上满足了附近居民、游客的观赏需求。路面不宽阔但干净有序，道路两旁也尽可能保留了原生态自然风貌，乾隆皇帝御封的 18 棵龙井茶树就是最好的见证。茶园周边为植被覆盖率高的山林，构造了别致的自然景观。

6.1.1.4　提升改造对策

1. 考虑人群需求，合理设置人行道

经过调研发现，前往龙井村的路段有的没有设置人行道，加上道路为双向两车道，考虑到运动爱好者人群的需求，应在缺少人行道的地方设置人行道。在部分路段，考虑到高峰期的人流量，应拓宽人行道，使道路更人性化，提升舒适度。

2. 保障农作物品质，设置绿化隔离带

在龙井路部分路段两侧，分布有茶园。考虑到提高茶叶的品质及食用安全性，应采取相应措施保障茶叶等农产品的品质及村民的生活质量，如设置绿化隔离带等。

6.1.2 虎跑路

6.1.2.1 概况

虎跑路全长3.75千米，主要承担景区内部交通运输和旅游观光的功能，沿线有杭州动物园、虎跑公园、少儿公园等热门景点。道路规格为双向单车道。道路沿线以山坡绿化为主。

6.1.2.2 植物景观现状

1. 沿线自然环境

海拔高程为10米。植被以枫香和枫杨为主，另外有大片的云南黄素馨以及麦冬、广玉兰等植物。道路两边大多为人工绿化，如公园等。地势绵延起伏，为山丘地带。

2. 沿线人文环境

沿线景点：黄篾楼、杭州动物园、杭州儿童乐园、大慈山、烟波亭、虎跑山、茅以升先生像等。

旅游活动：大多数游客活动区域为动物园、儿童乐园等，虎跑路上分布着不少民宿。

3. 现状植物景观

虎跑路绿化为二板三带式，行道树为高大乔木枫香，枝繁叶茂，将道路空间围合成了一个近似封闭的空间，营造出宁静的空间氛围（图6.4，图6.5）。人行道旁种植枫香、构树和广玉兰，搭配地被麦冬，形成多层次植物景观。两侧种植苦槠、枫香及枫杨，配有云南黄素馨，使整个植物群落与地面衔接更加自然。整个道路的横向感觉，高低错落有致，空间分布明确且整体感较强（表6.2）。

图 6.4　虎跑路绿化现状

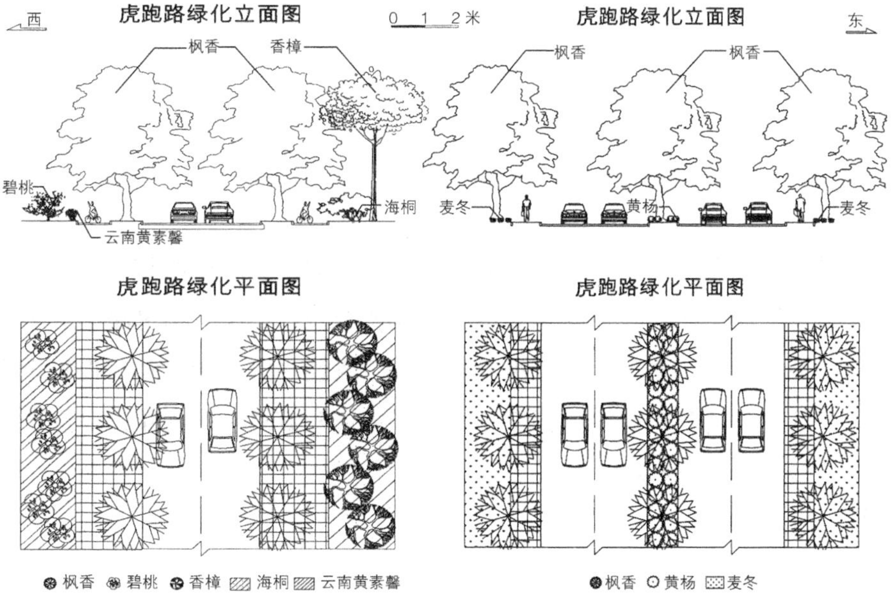

图 6.5　虎跑路绿化立面、平面图

表 6.2　虎跑路主要植物

位置	乔木	灌木	地被	主要科目
中央隔离带	枫香、枫杨	—	麦冬	金缕梅科、胡桃科、百合科
人行道	枫香、构树、广玉兰	—	麦冬	金缕梅科、胡桃科、木兰科、百合科
两侧	苦槠、枫香、枫杨	云南黄素馨	—	山毛榉科、金缕梅科、胡桃科、木樨科

6.1.2.3 植物景观评价

虎跑路主要以枫香为主，作为南方著名的秋色叶树种，与道路两边的广玉兰和枫杨相结合，在道路植物景观色彩配置上满足了附近居民、游客等的观赏需求，枫香和枫杨大且高，为行人遮蔽阳光。路面宽阔，路边绿化整齐，给人规整的感觉。

6.1.2.4 提升改造对策

(1) 为避免过度的人工化并凸显杭州的特色，人行道周围和绿化隔离带应避免出现外来的植物种类，多选用南方常见的植物。

(2) 道路两边的人行道较窄，从游客的安全与舒适度考虑，应拓宽人行道。

6.1.3 梅灵路

6.1.3.1 概况

梅灵路全长 5.8 千米，主要承担城市交通运输、观光旅游功能。规格为双向两车道；原为单向行驶道路，后道路扩宽成双向两车道。梅灵路的两侧都是山，树木四季常青，空气清新。沿途有灵隐、天竺寺，云栖竹径、梅家坞等文化景点，既有灵隐与天竺寺的禅文化，又有梅坞与狮峰的茶文化。

6.1.3.2 植物景观状况

1. 沿线自然环境

道路海拔高程约 64 米，年平均气温 16.2℃。该地以石灰岩熔岩地貌为主，土壤发育深浅不均，裸露石间藤、灌、草等植被丰富，生态条件良好。总体景观为杂木林地，不同区域的植被有一定的特色，主要有常绿树种、落叶树和针阔混交林，以及攀缘植物和岩生植物形成的特色景观，环境质量优良。

2. 沿线人文环境

旅游景点有周总理纪念室、乾隆遗迹、古树观赏点、茶园观赏区、农居群、十里琅珰、古井、古桥、垂钓区、茶艺表演区、小牙坞等十余处。该处有梅家坞茶文化村，沿梅灵路两侧纵深达十余里，地处西湖风景名胜区腹地，梅灵隧道以南，有“十里梅坞”之称。梅家坞是有着六百多年历史的古村，是西湖龙井茶一级保护区和主产地之一，也是杭州城郊最富茶乡特色的农家自然村落和茶文化休闲观光旅游区。

3. 现状植物景观

梅灵路以中央隔离带分隔主干道，主要行道树为秋叶观赏树种——水杉，高大秀颀，入秋后叶色金黄，具有独特的景观效果（图 6.6，图 6.7）。中央隔

图 6.6　梅灵路绿化现状

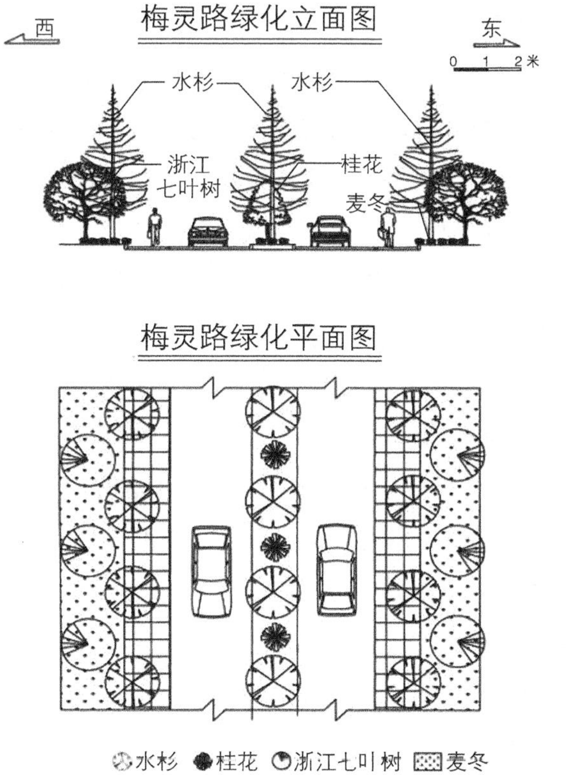

图 6.7　梅灵路绿化立面、平面图

离带内种有桂花，林下配置麦冬，无灌木。两侧植被主要树种为水杉和浙江七叶树。浙江七叶树是著名的观赏树种，树干耸直，树冠开阔，初夏繁花满树，蔚然可观。两侧绿化带配置灌木茶及木槿。木槿是夏、秋季的观花灌木，灌木茶也便于修剪搭配，形成良好的视线。梅灵路道路绿化观赏性极强，在树种的选择上也多注重环保和观赏价值，突出植物在季相变换上的色彩搭配，整体景观做到了“四季常青，四季皆景”（表6.3）。

表6.3 梅灵路主要植物

位置	乔木	灌木	地被	主要科目
中央隔离带	水杉、桂花	无	麦冬	裸子植物杉科、木樨科、百合科
人行道	水杉	无	麦冬	杉科、百合科
两侧	浙江七叶树、水杉	木槿、茶	—	七叶树科、杉科、锦葵科、山茶科

6.1.3.3 植物景观评价

植物景观以茶园景观为主，道路景观主要以水杉为主，桂花间种其间；老树的数量较少，且零散分布，在景观上没有形成较好的连续性；植物景观丰富性不高。在道路绿化的色彩搭配上富有变化，但在层次搭配上缺乏景观的层次感，乔木、灌木、花草配合少，景观单调，缺乏美感。梅灵南路路面较正规路面宽，道路两侧缺少绿化隔离带，道路与茶园之间距离较近，来往车辆排放的尾气等有害物质对茶叶的质量影响较大，且村庄和茶园位于山谷地带，整体环境有待改善。

6.1.3.4 提升改造对策

1. 结合水杉，增加道路景观层次感、色彩丰富度

现有植物配置以水杉、桂花、麦冬为主，并且整条道路上景观连续性和层次性不强。考虑到梅灵南路是一条为交通运输和游客观光旅游服务的城市道路，在道路绿化上应满足附近居民、游客对安全性和美观性的需求，行道树的选择可考虑多增加彩叶植物、观花观果植物以及能体现季节变化的植物，尽量选取乡土植物结合道路现有植物配置，结合观花、观叶小乔木或灌木与草本植物构建复层结构，结合现有道路设施的布局进行景观改造。

2. 设置绿化隔离带，保证农产品安全性及居民生活环境质量

因梅灵南路离居民区及茶树种植地距离较近，可考虑设置绿化隔离带以保障茶叶及其他农作物的品质，增强景观的丰富性；根据草木花卉的习性、花色、叶色、形态、叶状、冠幅等特点，构建乔、灌、草的复层结构，在色彩和层次搭配上有一定变化，避免道路景观单一、等距的配置方法。

6.1.4 满觉陇路

6.1.4.1 概况

满觉陇路全长 6.7 千米，主要承担城市交通运输、观光旅游的功能。规格为双向两车道，沿线有乾隆古道、许引之墓、水乐洞、峡谷漂流、杭州满陇桂雨、石屋洞、迟桂花等景点。该路段经过翁家山村和满觉陇村，两村产业皆以龙井茶加工销售、餐饮、民宿为主。农业生产主要为茶树种植及茶叶的生产加工。

6.1.4.2 植物景观现状

1. 沿线自然环境

道路海拔高程 132 米，年均气温 16.2℃。溪流发源于水乐洞，经上满觉陇、下满觉陇、四眼井后，汇入虎跑路边上的小溪。溪流大段为明溪。

2. 沿线人文环境

满觉陇路位于西湖风景名胜区南线景区满觉陇。满觉陇，亦称满陇、满家弄，位于西湖风景名胜区以南，是南高峰南麓的一条山谷。五代后晋天福四年（939 年）建有圆兴院，北宋治平二年（1065 年）改为满觉院，满觉意为“圆满的觉悟”，地因寺而得名。

满觉陇因桂花而闻名，每年秋天，桂花盛开，香满空山，落英如雨，故有“满陇桂雨”之美誉。1985 年，“满陇桂雨”被评为“新西湖十景”之一。

明代高濂在《满家弄看桂花》中写道：“桂花最盛处，唯南山龙井为多。而地名满家弄者，其林若墉若栉。一村以市花为业，各省取给于此。秋时，策蹇入山看花，从数里外便触清馥。入径，珠英琼树，香满空山，快赏幽深，恍入灵鹫金粟世界。”清人张云敖有绝句《品桂》云：“西湖八月足清游，何处香

通鼻观幽？满觉陇旁金粟遍，天风吹堕万山秋。”

桂花是杭州的市花，满觉陇自明代起就是杭州桂花最盛的地方。如今，这一带的路旁坡地、崖前涧边，共种植桂花 7 000 多棵，树龄长的达 200 多年，已成为杭州赏桂最著名的景点。每到金秋花开时节，这里金桂飘香，道路两旁摆满了村民们搭建的茶座，游人可在此品尝香甜可口的桂花栗子羹，休闲娱乐，排遣工作的劳顿。

3. 现状植物景观

满觉陇路道路绿化为一板二带式，并无中央隔离带（图 6.8，图 6.9）。人行道绿带种植树种为枫香、红果榆、桂花、八角枫，两侧植被为枫香及鹅掌楸。树种多为高大乔木，搭配小乔木丰富层次感，但缺少灌木及林下草被，从高到低的乔木构成了一个垂直景观层次，整体空间封闭性较强（表 6.4）。

图 6.8　满觉陇路绿化现状

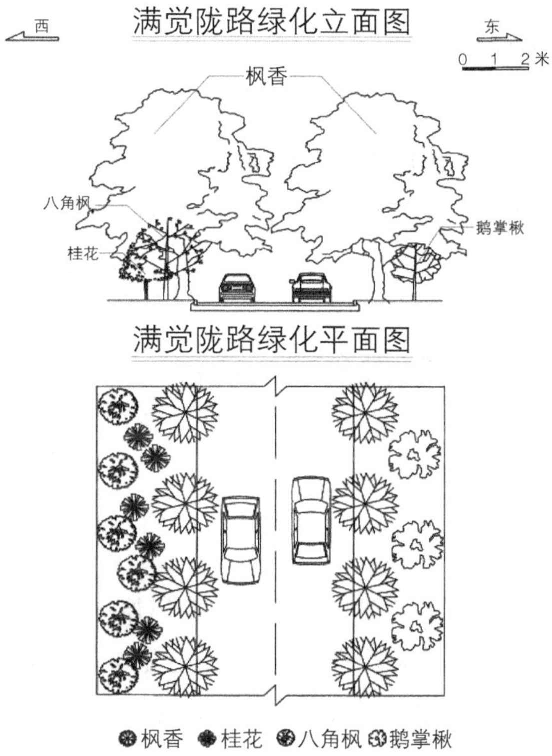

图 6.9　满觉陇路绿化立面、平面图

表 6.4　满觉陇路主要植物

位置	乔木	灌木	地被	主要科目
人行道	枫香、桂花、八角枫、红果榆	—	—	金缕梅科、木樨科、八角枫科、榆科
两侧	枫香、鹅掌楸	—	—	金缕梅科、木兰科

6.1.4.3　植物景观评价

植物景观以枫香、鹅掌楸为主，间种桂花，其中鹅掌楸为北美鹅掌楸，非本地物种，缺乏本地特色。整体色彩富有季节性但层次感欠佳，道路沿线灌木较少，且有多处土壤外露影响景观。

6.1.4.4 提升改造对策

现有主要植物景观为枫香、桂花与鹅掌楸，这些植物都能在秋季形成较良好的景观，但在其他季节景色较为单一，可套种一些春夏季节开花的植物，如杜鹃，以增加春夏道路景观的色彩丰富度。由于满觉陇路为交通运输和观光旅游服务性质的城市道路，在道路绿化上应满足附近居民、游客对安全性和美观性的需求，在增加行道树时应尽量优先选择本土植物以适应其原有生态。

6.2 西湖风景名胜区古道植物景观

6.2.1 慈云岭（南宋）

6.2.1.1 概况

慈云岭古道最高海拔 244 米，为玉皇山和凤凰山的分界线，沿线风景秀丽，穿越山间，两侧基本为天然的自然景观。上玉皇山的游步道，北面自林海亭经慈云岭、紫来洞直达山顶，石阶约 1 300 级。北宋杨蟠曾在诗中写道："山高步步上，何用叹崎岖。"

6.2.1.2 植物景观现状

1. 沿线自然环境

慈云岭位于玉皇山南坡，玉皇山的山林景色十分优美，不论从哪个方向上山，石径始终都盘绕在绿树翠竹之中（图 6.10）。玉皇山海拔较高，从下

图 6.10 慈云岭现状

沿古径向上，植物景观随着高度的增加而发生着变化。玉皇山岩层为石灰岩，生态环境良好，植被覆盖率较高，植被群落以乔灌草型为主，基本保留了具有浙江特色的植被。植被种类丰富，沿路可见粗壮的油麻藤匍匐在地，挺拔的古木立于林间，观赏价值高。玉皇山作为旅游景点，植被基本为森林灌木。

这条古道成为自五代十国时期到清朝几百年间，从钱塘江北岸进杭州城最便捷的一条通道。古道充当沟通城市南北的重要道路，也是一条热闹的香客道，向北经凤凰山与万松岭连通西湖之滨，往南过玉皇山达钱塘江之岸，繁盛一时，留有许多历史文化，形成慈云岭古迹及其两侧的玉皇山景区和凤凰山景区。

2. 沿线人文环境

从慈云岭南坡上古道，五代十国时岭道开成后钱镠写作的摩崖篆书题刻“梁单阏之岁，兴建龙山。至涒滩之年，开慈云岭。便建西关城宇、台殿、水阁。今勒贞珉，用纪年月。甲申岁六月十五日吴越国王记”犹在。

慈云岭古道是一条千年古道，它是由吴越王钱镠为方便西湖与钱塘江之间的通行，在慈云岭开凿而成的，使近在咫尺的西湖与钱塘江相互连通。钱塘江是当时杭州的出海口，慈云古道的开通，极大地方便了杭州对外的交通，促进了当时经济的发展。

慈云岭古道虽仅长千米，古迹众多。古道的最高处慈云岭巅，建有明代的“江湖伟观亭”，观西湖，望钱塘。亭子对面建有老玉皇宫，里面保存有吴越王祭天的登云台遗址。古道边还有吴越王时开凿的佛教石窟——慈云岭造像。古道的南端有著名的八卦田，这是自然形成的道教八卦图案。再往前就是南宋皇宫遗址，皇家寺院、皇家花园、皇家城墙的轮廓还依稀可见。古道的北面就是西湖，稍远些有“柳浪闻莺”“苏堤春晓”“花港观鱼”等著名景点。所以，古道自开通以来，人流一直络绎不绝，从未衰弱荒芜过。

3. 现状植物景观

慈云岭景观层次可分为四个林层：上层、中层、地被、林间层。主要植物共28种，包括7种地被及6种藤本植物（表6.5）。上层植物为麻栎、青冈、豹皮樟、樟树、黄连木、杜柏、胡颓子、珊瑚朴、白栎、黄檀、赤楠、柳杉、皂荚，主要为常绿乔木，四季常青。中层植物为油茶和榔榆。榔榆常孤植成景，秋日叶色变红，为整体景观增添了一份亮丽。地被植物由九头狮子草、求米草、菝葜、茜草、鸭儿芹、八角金盘、萱草等搭配种植，保留了大量原生自然植被。林间层的藤本植物包括络石、薜荔、扶芳藤、常春藤、油麻藤、杠香藤，观叶也可观花，并发展垂直绿化，提高了绿化质量。

表6.5 慈云岭两侧植被

位置	主要植物	主要科目
上层	麻栎、青冈、豹皮樟、樟树、黄连木、杜柏、胡颓子、珊瑚朴、白栎、黄檀、赤楠、柳杉、皂荚	壳斗科、樟科、胡颓子科、榆科、苏木科、豆科、桃金娘科、杉科
中层	油茶、榔榆	山茶科、榆科
地被	九头狮子草、求米草、菝葜、茜草、鸭儿芹、八角金盘、萱草	蕨长科、禾本科、百合科、茜草科、伞形科、五加科
林间层（主要指藤本）	络石、薜荔、扶芳藤、常春藤、油麻藤、杠香藤	夹竹桃科、桑科、卫矛科、禾本科、豆科、大戟科

6.2.1.3 植物景观评价

慈云岭保留了大量原生自然植被，具有明显的浙江特色（图6.11）。树种具有随着高度变化的特点，以枫香、杜柏、柘木、枸骨、漆树、胡颓子、苦槠、珊瑚朴、女贞、浙江樟、青冈栎、豹皮樟、柳杉为主。其中一些间杂的松树正在慢慢被演替。藤蔓种类丰富，有鸡屎藤、络石、薜荔、扶芳藤、常青藤、油麻藤等。底层植被有衔子草、金线吊乌龟、鸭跖草、紫珠、九头狮子草、白背叶、球迷草、菝葜等。植被茂密，具有特色，有很高的观赏价值。

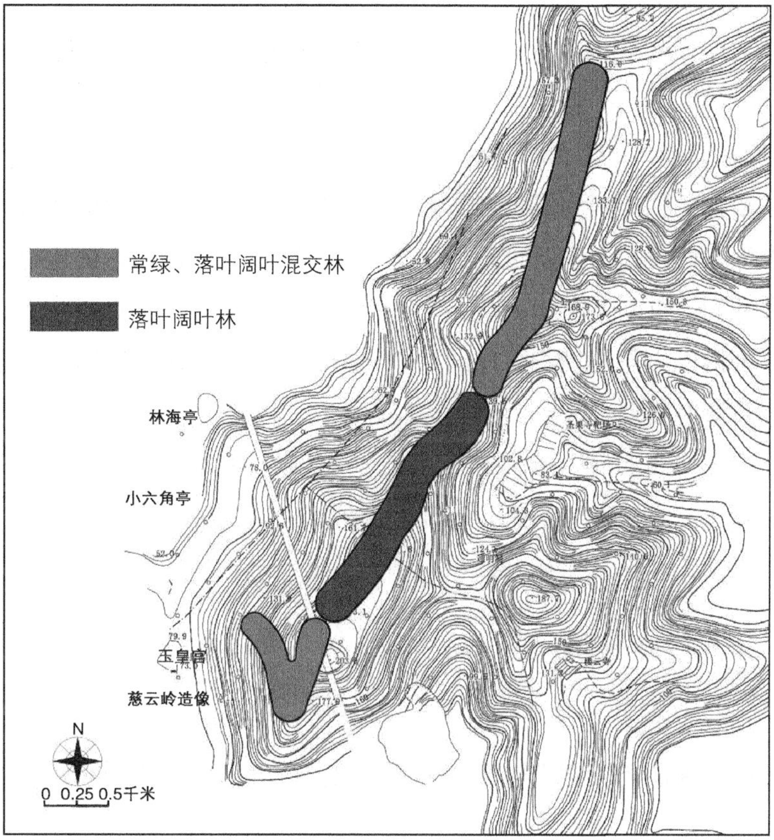

图 6.11　慈云岭沿线植被

6.2.1.4　提升改造对策

1. 保护原有特色景观，合理搭设观景平台

慈云岭古道景观层次清晰，生态环境较好。在景观改造方面，可考虑以保护和发展现有自然景观为主，梳理现有植物景观，构建舒适古道环境。例如，在慈云岭沿线有几处油麻藤匍匐在地的景观，具有一定的观赏价值，自有一番野趣，可对此进行保护和设置观景休息平台。又如，在北纬 30°13′10″，东经 120°9′2″十字交叉口附近有一片珊瑚朴、女贞林，树木挺拔，十分秀丽，可在保护培育之后作为慈云岭上一个不错的林木观赏点。再如，可在樱花地景点种植栽培樱花。

慈云岭古道周边植物景观体系各有特点，沿线植物种群演替，新老交替，有一些植物被淘汰，部分枯死在道路两侧，影响登山游客的观赏体验，应采取措施。例如，可将这一部分树木回收处理成工艺品等。又如，北纬 30°13′6″、东经 120°8′59″处有一片杂木林需要清理。

2. 完善基础配套设施，创建良好登山环境

慈云岭古道位于西湖风景名胜区内，可以满足周围居民爬山休闲的需求以及在西湖拥挤时段作为人口疏散的场所。在调研过程中发现，慈云岭古道上有多处雨水冲刷严重以及被认为是人为因素破坏严重的地方，需要排水疏浚，建议在道路两侧运用与环境相适应的材质和形式修建排水沟，以提高古道的使用年限并保障游客的安全。

总体来说，慈云岭古道应突出其乡土气息以及将其作为山林有别于公园的地方。对乡土原有植被应当进行培育和保护，而对一些公园种植植被则应进行适当的清理。

6.2.2 韬光道（唐朝）

6.2.2.1 概况

韬光幽径观江潮。韬光道在热闹繁华的灵隐寺后山，藏于三面云山中，幽趣独多。

从灵隐寺的西侧经岣嵝山房直上，途中蜿蜒曲折的石阶山径，步步有景致，处处是诗画。幽静的山谷里，两侧树木成荫，汇成滔滔林海（图 6.12）。与韬光道结伴的是一条跌宕蹦跳于茂林修竹间的山溪，它源自韬光泉，自山上曲折而下，水声如琴弦般淙淙有韵，愈发显出韬光古道中一派古雅宁静的恬淡意境。穿过迂回曲折的山道，视野豁然开朗，山顶中依崖而建的韬光寺赫然出现在眼前。韬光寺因唐代白居易与寺中的韬光禅师交游而声名远扬。如今的韬光寺已废，被改建成一座仿古的敞厅。由韬光寺再拾级而上就是著名的观海亭（图 6.13）。

图 6.12　慈云岭沿线植被

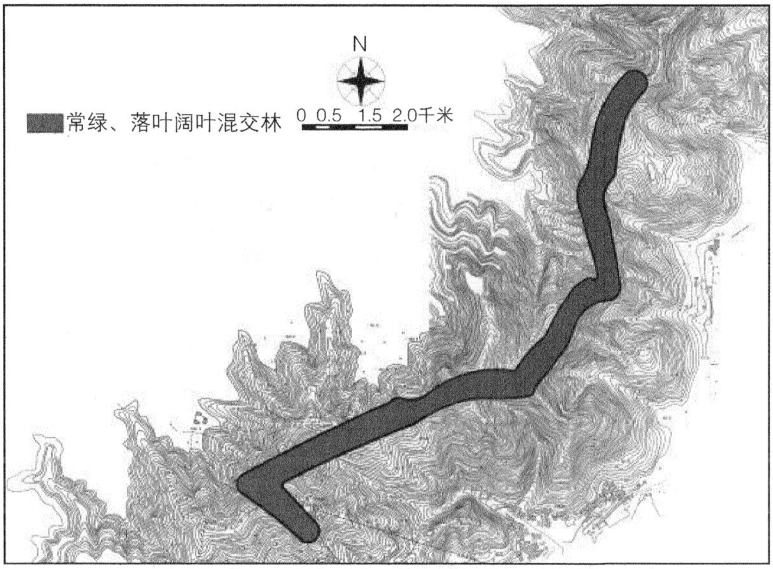

图 6.13　韬光道沿线植被

6.2.2.2　植物景观现状

1. 沿线自然景观

韬光道位于灵隐寺后山，最高海拔 175 米（图 6.14）。韬光道两侧以常绿阔叶林为主，道路两侧的沟谷中有局部竹林，林木茂盛。源自韬光泉的山溪自山上蜿蜒跳跃而下，与林木竹海一同渲染出庄严的佛教气息。韬光道两侧为火成岩，生态环境较好，道路两侧栽种了较多杜若、冷水花。

2. 沿线人文环境

自韬光道曲折而上便是依崖而建的韬光寺（图 6.15）。韬光寺位于北高峰南坡的巢构坞内，为儒、释、道三栖圣地。自古以来以朝佛、观日、观海三绝而著称。始建于唐穆宗长庆年间，为蜀中高僧韬光禅师来杭所建，寺成即以韬光命名。

韬光寺自然景观恬静而清幽，游人步行而上，仰望大雄宝殿、摩尼殿、法安堂等建筑，如悬崖结室，翼若凌空。韬光寺观海楼还是登高观海的传统佳处，寺内有一楹联："楼观沧海日，门对浙江潮"为著名的钱塘十八景之一。寺内还有白居易与韬光禅师品茗论道之地金莲池，以及八仙之一吕洞宾隐修之处丹崖宝洞等名胜古迹。

图 6.14 韬光道

图 6.15 韬光寺

3. 现状植物景观

韬光道的主要树种有 12 种，上层有木荷、七叶树、楠木、竹子、珊瑚朴、枫香、苦槠、杜英，组成了常绿阔叶林，具有一定的生态效益，色彩上搭配珊瑚朴树的红花红果，杜英高挂树梢的红叶，具有驻足停留的观赏价值；中层有杜鹃花和鸡爪槭，都是常见的观赏植物，美化了韬光道整体景观风貌；地被搭配花卉杜若和冷水花，充分考虑了植物的色相和季相变化，发挥植物对节点的烘托作用（表 6.6）。

表 6.6 韬光道两侧植被

位置	主要植物	主要科目
上层	木荷、七叶树、楠木、竹子、珊瑚朴、枫香、苦槠、杜英	山茶科、七叶树科、樟科、禾本科、金缕梅科、壳斗科、杜英科
中层	杜鹃花、鸡爪槭	杜鹃花科、槭树科
地被	杜若、冷水花	鸭跖草科、荨麻科

6.2.2.3 植物景观评价

韬光道两侧为常绿阔叶林，西南局部以竹林、楠木为主，东北有枫香、苦槠、七叶树、珊瑚朴、杜英，除此之外，还有杜若、冷水花等地被植物。寺庙周围种植杜鹃、杜英、紫荆、木槿、鸡爪槭等。韬光道植物搭配在注重生态效益的同时，观叶植物、观果植物及观花植物相互搭配，花色方面以红色和白色为主，增加了韬光道整体植物景观的观赏价值。但在树种选择上，缺少浙江乡土植被。整体植物景观过于注重观赏价值，没有融合韬光道的历史文化，缺少特色。

6.2.2.4 提升改造对策

1. 保护现有景观体系，构建特色韬光山景

韬光道是位于灵隐寺西侧的后山和已被改建的韬光寺之间的一条迂回曲折的山道。结合道路末端著名的观海亭，建议以保持现状景观为主，保护其原有的生态环境，结合一些浙江乡土的佛教植物，构成具有佛教特色的山路景观。

2. 结合周边景色，修建观景平台

在韬光古道旁有一条跌宕穿越于茂林修竹间的山溪，来源于韬光泉。还可在古道上远眺周边景色。可合理搭建观景平台，供游人休息、观赏山间景色。

6.2.3 葛岭（北宋）

6.2.3.1 概况

葛岭位于宝石山和栖霞岭之间，横亘数里，海拔 166 米。相传东晋时著名道士葛洪曾于此结庐修道炼丹，故而得名。岭上有抱朴道院，现为全国重点开放道教宫观。岭巅初阳台，著名的钱塘十景之中的“葛岭朝暾”即此。

6.2.3.2 植物景观现状

1. 沿线自然景观

葛岭古道是古时通往葛岭的必经之路。沿线景观在空间上搭配较完整，形成了上、中、地被层三者结合的复层景观结构。物种丰富，整体生态环境适宜。

2. 沿线人文景观

唐葛岭古道位于宝石山和栖霞岭之间，好溪和章溪的交汇处。岭上有抱朴道院，存炼丹台、炼丹井、初阳台等道教名胜及古迹，为古今杭州道教圣地及旅游名景。有钱塘十景之中的“葛岭朝暾”，朝暾指初升的太阳。岭头是观日最好的地方，相传东晋时著名道学家葛洪就在此处“吸日月之精华”。葛洪，字稚川，号抱朴子，著有《抱朴子》传世。半山有遗迹丹井、炼丹台等，有

“瑶台仙境”“人间福地”的美称。南宋太师贾似道穷奢极欲，曾在此建半闲堂和养乐园。

岭头有初阳台（图 6.16），台基或说是清光绪年间英国税务使赫德所建。台基上有亭，是染业商人杨叔英所筑。亭中有石碑，书“初阳台”三字，是书画家褚乐三手笔。在台上观日出，景色极佳。

古道上有一座三龙庙（图 6.17），庙里供着唐宏、葛雍、周武，相传他们是周厉王时三位谏臣，至宋以后演变成仙俗，称唐葛周庙，古道因此而得名。据了解，三龙庙始建于明万历十五年（1587 年），距今已有 400 多年历史。

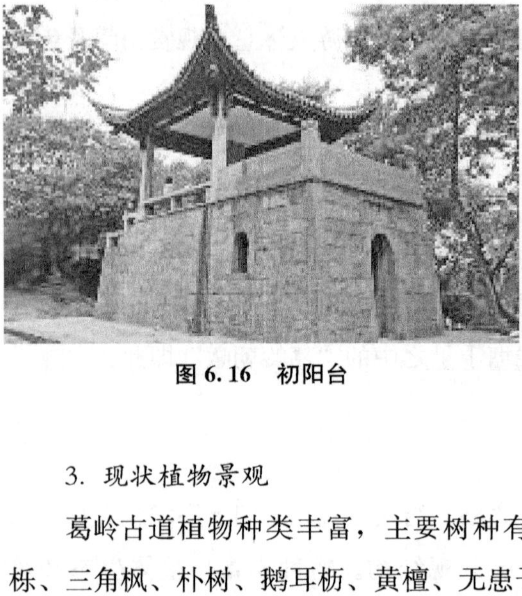

图 6.16　初阳台

图 6.17　三龙庙

3. 现状植物景观

葛岭古道植物种类丰富，主要树种有 26 种（表 6.7）。上层有柳杉、槲栎、三角枫、朴树、鹅耳枥、黄檀、无患子、香樟、鹅掌楸、水杉、油桐，主要为古道原生植物及生态植被，并加入珊瑚朴、本地樱花等开花观叶植物，增加绿化层次和季相变化；中层有青冈、杜鹃、绣球、八角枫、浙江樟、桂花、构树、石楠，在空间上更具有层次感；地被以金线草、杜若、牛膝、九头狮子草、野蔷薇等搭配种植，保留了大量原生自然植被。葛岭古道植物配置以高大乔木为主，并配以少量观花、观叶植物，使整体环境与古道古朴幽静的氛围相协调。

表 6.7　葛岭两侧植被

位置	主要植物	主要科目
上层	柳杉、槲栎、三角枫、朴树、珊瑚朴、鹅耳枥、黄檀、无患子、香樟、鹅掌楸、水杉、油桐、本地樱花	杉科、壳斗科、槭树科、榆科、木兰科、杉科、大戟科、蔷薇科、榛科、豆科、无患子科、樟科
中层	青冈、杜鹃、绣球、八角枫、浙江樟、桂花、构树、石楠	壳斗科、杜鹃花科、虎耳草科、八角枫科、樟科、木樨科、桑科、蔷薇科
地被	金线草、杜若、牛膝、九头狮子草、野蔷薇	蓼科、鸭跖草科、苋科、爵床科、蔷薇科

6.2.3.3　植物景观评价

古道两侧植物景观丰富完整，在空间上结构清晰，不同海拔区域的植被各有不同，各具特色。沿古道一路前行有水杉、柳杉构成的植物景观，以石楠、香樟、无患子为主要树种的林带错落地分布在道路两侧。在一些视域开阔的地方能看到西湖断桥一带的风光，别有一番景色。不足的是，有的地方在一些节点上存在景观单一的问题，同时由于树木生长的原因，即使远眺，观景效果也很差（图 6.18）。

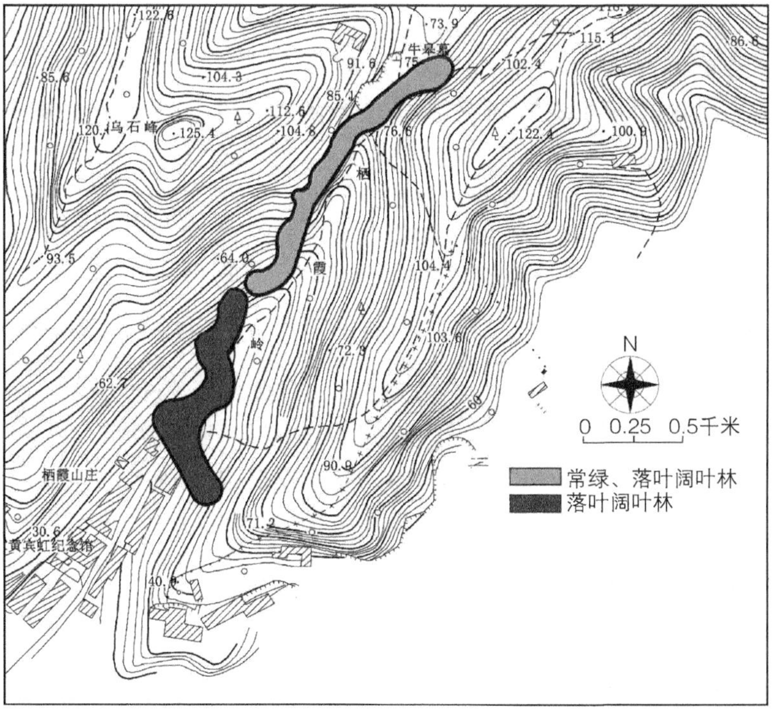

图 6.18　葛岭古道沿线植被

6.2.3.4 提升改造对策

1. 运用乡土植物，丰富山林景观体系

通过调研，可在古道两侧运用浙江乡土植物丰富沿线景观。例如，七叶树、桂花等，可让游客在登山过程中观赏到多样的自然景观。又如，在道路沿线某些点上，可以考虑修建架空式观景平台，避免对原有植被的破坏，也能让游客有更极致的观景远眺体验。

2. 完善基础配套设施，确保游客安全登山

在调研过程中发现一些场地修建未完善，没有形成正规的山间游览道，对游客的安全造成很大隐患。建议对各个场地进行排查，排除安全隐患，针对非正规道路进行改造。对部分由雨水冲刷形成的裸露地皮，进行排除和修复，运用乡土植物，修建与环境适宜的排洪沟，确保基础设施体系的完整性以及游客的安全。

6.2.4 九溪十八涧（南宋）

6.2.4.1 概况

九溪十八涧位于西湖风景名胜区之西的群山中，上自龙井起蜿蜒曲折7千米入钱塘江。

九溪之水发源于杨梅岭，途中汇合了青湾、宏法、方家、佛石、百丈、唐家、小康、云栖、渚头的溪流，因称九溪，溪水一路上穿越青山翠谷，又汇集了无数细流，所以称九溪十八涧。古时候人们常喜欢用“九”字来表示数量众多。其实，这条山区溪流一路上穿林绕麓，不知汇合了多少细流。十八涧，原是就这条山区溪流的源头——龙井一带的无数山涧泉流而说的。所以，十八涧也是古时人们用“九”的倍数来形容山涧泉流众多的意思，并非只有18条山涧。

6.2.4.2 植物景观现状

1. 沿线自然景观

九溪十八涧景色浑然天成，少有匠气，“溪水因山而曲折”，忽左忽右，其中6处溪流漫过山径，上置石步，游人可涉足溪中，也可自石上鹤步而过，各

有意趣。身历其境，尘襟为之一洗，更有一种人在画中游的感觉（图 6. 19)。

图 6. 19　九溪十八涧现状

2. 沿线人文环境

九溪十八涧穿行于层峦叠嶂之中，沿途峰回路转，屈曲不定，经九泓亭、溪中溪、林海亭等。元代张昱曾写道：“春山缥缈白云低，万壑争流下九溪。拟溯落花寻曲径，桃源无路草萋萋。”“西湖之胜，不在湖而在山。白乐天谓冷泉一亭，最余杭而甲灵隐，而余则谓九溪十八涧乃西湖最胜处，尤在冷泉之上也。”晚清著名学者俞樾在《春在堂随笔》中对九溪十八涧赞赏备至。而他的“重重叠叠山，曲曲环环路。叮叮咚咚泉，高高下下树”一诗则道出了九溪十八涧的无限风情。

经调研发现，九溪十八涧有大量的茶田，游客数量较多，交通较为拥挤。

3. 现状植物景观

九溪十八涧沿线植物主要有 23 种，包括两种草本植物和两种水生植物（表 6. 8)。上层有枫香、水杉、枫杨、珊瑚朴、香樟、白栎、麻栎、黄连木、楠木、糙叶树、苦槠、梧桐、构树、杜英、豹皮樟、榆树，大部分为落叶乔木，树冠广展，苍劲挺拔。中层有茶树、鸡爪槭、桂花，均为观叶或观花植物，弥补了上层植物在色彩和季相搭配上的欠缺，增加了整体景观的垂直层次感。地被有保土植物求米草，观叶植物冷水花，观花观叶植物再力花，搭配梭鱼草烘托，在保持生态效益的基础上，增加了古道的游览观赏价值。古道整体氛围较为幽静，保留了原生态的自然景观。

表 6.8　九溪十八涧两侧植被

位置	主要植物	主要科目
上层	枫香、水杉、枫杨、珊瑚朴、香樟、白栎、麻栎、黄连木、楠木、糙叶树、苦槠、梧桐、构树、杜英、豹皮樟、榆树	金缕梅科、柏科、胡桃科、榆科、樟科、壳斗科、槭树科、梧桐科、桑科、杜英科
中层	茶树、鸡爪槭、桂花	山茶科、槭树科、木樨科
地被	梭鱼草、再力花、冷水花、求米草	雨久花科、竹芋科、荨麻科、禾本科

6.2.4.3　植物景观评价

从之江路的九溪站一路前行，一幅山林村野长卷渐渐展现在眼前。初入谷口，平坦、敞亮，道旁水田成片，田园风光清丽朴实。继而，两侧群山叠嶂渐渐靠拢，山溪两旁草木滋润灵秀。随着道路愈转愈深，经过枫杨林，路旁出现“林海亭”，往上就到了“溪中溪”。九溪十八涧在“溪中溪”以上呈 Y 字形分叉，由“溪中溪”往东沿溪而上称为九溪，可抵杨梅岭村，再经烟霞岭可达满觉陇。在寂静的峡谷中，还保存着五代古刹理安寺遗址，让人品味到“深山藏古寺”的意境。由“溪中溪”向西称为十八涧，一路上山重水复，清溪时高时低、忽急忽慢，也不知经过几道山屏、几个谷口，经过峰回路转、柳暗花明，便到了茶乡龙井村，再往东可通西里湖（图 6. 20）。此外，值得一提的是此处古木较多。

6.2.4.4　提升改造对策

1. 扩建停车场地，改善基础设施环境

通过调研发现，九溪十八涧的现有道路难以满足游客的需求，并且停车场也难以容纳高峰期的车辆，因此建议拓宽道路或减少私家车的驶入，扩大停车场并且提高运营管理能力。

2. 注重生态效益，保持原生态景观环境

九溪十八涧自然清新的原生态植物景观是其重要的旅游特色。因此，九溪

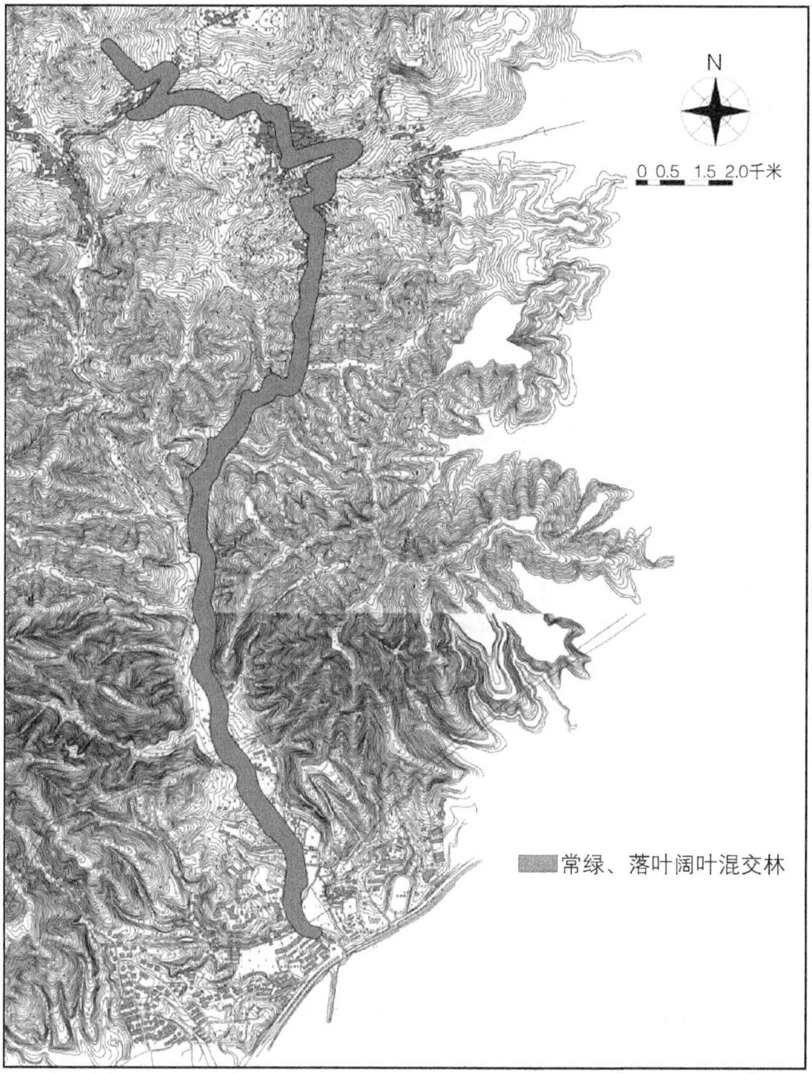

图 6.20　九溪十八涧沿线林带

十八涧的改造应仍以保持原生态自然环境为主。同时，更要注重植物的生态效益，保护九溪十八涧原有的山水风光。

6.2.5 云栖竹径（南宋）

6.2.5.1 概况

云栖竹径云栖坞位于五云山南麓，相传五云山顶飘来的五色云彩，常常飞集坞中，经久不散，因而得名，为“新西湖十景”之一（图 6.21）。云栖“竹径”景观是指云栖坞里林木茂盛的山坞景观，深山古寺，竹径磬声。今天的云栖坞，翠竹成荫，溪流叮咚，清凉无比。小径蜿蜒深入，潺潺清溪依径而下，娇婉动听的鸟声自林中传出，环境幽静清凉。

图 6.21 云栖竹径现状

6.2.5.2 植物景观现状

1. 沿线自然景观

云栖坞山高坞深，气爽地湿，竹茂林密，坞内经常云雾缭绕，使“云栖竹径”更添幽深迷离之情致，云栖坞也因而被誉为“湖山第一奥区”。坞内种植着优质木材楠木和观赏树种。云栖盛产茶叶，附近的茶叶研究所对茶叶的栽培、生产起到了积极的指导作用。云栖、梅家坞一带因土质好，适宜种茶而成为杭州龙井茶的主要生产基地，誉满中外。

2. 沿线人文环境

吴越国王于宋乾德五年（967 年）建云栖古寺，距西湖 12 千米，竹林深处可闻钟磬声，初名“云栖梵径”。寺地尚存，旁有回雁峰、宝刀陇、壁观峰等，均在“云栖六景”之列。从云栖石牌坊进入，就可以看见石径幽窄，翠竹成荫；听到泉水叮咚，溪流淙淙。漫步在竹的世界里，仰头所见之日光，若即若离，别有情趣。

这里因竹多叶密、含水生云；云栖雾留、又长翠竹。漫山遍岭终成浩渺竹海，每当气压低沉之时，绵绵的云雾栖息在茫茫的竹丛中，落下细细的雨丝，仿佛是翠竹青叶融化的竹沥，从弯曲的竹梢上滚落下来，浸湿了蜿蜒的青石路径。

竹径入口有碑亭一座，上有陈云题写的“云栖竹径”四字。从亭边的碑文看，此亭最早建于明代，亭柱上有清人陈灿“客到洗心亭子坐，顿教尘虑一时湔”“万竿绿竹影参天，几曲山溪咽细泉”的诗句。

清初康熙几番来游后，“云栖梵径”以明显的优势入选“西湖十八景”，以后虽屡经兴衰，终因其悠久的渊源和独到的景致而备受青睐。今改建为杭州工人疗养院。古诗有“万千竿竹浓荫密，流水青山如画图”，道出了云栖的特色。

《西湖新志》卷二载：“莲池《寺记》云栖坞，五云山有五色云，已而飞集山西坞中，经久不散，因以名坞。沿坞竹树茂列，游人品为湖山第一奥区，增修景目‘云栖梵径’。”清雍正《西湖志》卷四载：“行久渐闻钟磬声，则云栖寺在焉……每至中宵，梵呗之声不绝，朝鱼暮鼓，与天籁相应答，游人至此，豁然心开，万虑顿释。”

云栖竹径在 1984 年被评为“西湖新十景”之九。

3. 现状植物景观

云栖坞素以林木茂盛的山坞景观闻名，坞中两侧主要植被有 30 种，类目丰富，错落有致，使得云栖坞更添幽深迷离之情致（表 6.9）。上层有竹子、青冈、七叶树、珙桐、枫香、枫杨、珊瑚朴、麻栎、糙叶树、苦槠、豹皮樟，整个环境蔚然成林，翠竹成荫，正照应了前人在《方竹铭》中的赞语“竹方而知圆，虚怀若谷。劲节可风，潇洒不俗”。中层以常绿小灌木为主，选用了集绿化、美化、香化于一体的观赏与实用兼备的优良园木树种，如木槿、鸡爪槭、桂花、杜鹃，适宜云栖坞温润潮湿的气候。待到花期，花色亦浓亦淡，交相辉映，香远益清，堪称一绝，为幽深的环境增添了丰富的色彩，令人赏心悦目。地被较多采用喜阴湿的植被，易于种植和观赏，主要有杜若、冷水花、九头狮子草、求米草、金线草、黄金金刚竹、倭竹、刻叶紫堇、野荞麦，异叶天南星、鸭儿芹、酢浆草、石蒜、麦冬、吉祥草，种类丰富，更好地还原了环境的原生态色彩，使云栖坞的“栖”字精髓体现得淋漓尽致，禅意绵绵，游人至此豁然心开。

表 6.9　云栖坞两侧植被

位置	主要植物	主要科目
上层	竹子、青冈、七叶树、珙桐、枫香、枫杨、珊瑚朴、麻栎、糙叶树、苦槠、豹皮樟	禾本科、壳斗科、七叶树科、蓝果树科、金缕梅科、胡桃科、榆科、樟科、槭树科
中层	木槿、鸡爪槭、桂花、杜鹃	木槿科、槭树科、木樨科、杜鹃花科
地被	杜若、冷水花、九头狮子草、求米草、金线草、黄金金刚竹、倭竹、刻叶紫堇、野荞麦、异叶天南星、鸭儿芹、酢浆草、石蒜、麦冬、吉祥草	鸭跖草科、荨麻科、爵床科、禾本科、蓼科、罂粟科、天南星科、伞形科、酢浆草科、石蒜科、百合科

6.2.5.3　植物景观评价

云栖竹径以清凉幽静著称，盛夏到此旅游，更能领略其绿郁、清凉、寂静、幽雅之感。这里有树龄千年以上的枫香树，树干三人合抱，高近 40 米，是西湖著名古树。霜降后，满树红叶如映日彩霞。石板路两旁翠竹成林，漫步竹径衣衫俱绿，路边有一池，名“洗心池”，池水清凉透明，有着“客到洗心亭子坐，顿感尘虑一时湔”的美誉。清晨曙光升起，透过竹叶洒在路上，金色斑斑，几声鸟语，更显山色清幽，竹径尽头古树成行，西湖树龄、体量名列前茅的古树，多半集中在这里。行走其中，“万竿绿竹影参天，几曲山溪咽细泉”，远离繁华喧嚣，犹如潜游在竹海碧波之中，让人心旷神怡（图 6.22）。

6.2.5.4　提升改造对策

1. *以保护为主，形成特色景观*

云溪竹径位于五云山南麓的云栖坞内，以深山古寺、竹径磬声称胜。特色景观完整，建议以保护为主，形成杭州西湖风景区内独特的景点之一。

2. *以游览为重，完善配套设施*

在保留原生态环境的基础上，加强硬件保障和景点配套设施。例如，完善

图 6.22　云栖竹径林带

标示标语，提供充足的休憩场所，为各年龄层游客提供多元化游览选择，让每一位游客都能享受到优质的服务，保障游客的人身安全。

第7章 西湖风景名胜区游步道选线适宜性评价

7.1 研究背景

随着旅游业的发展，近年来掀起了一股全民旅游的热潮。旅游逐渐成为现代人们在满足日常生活所需后，提升自我的一种生活方式。在这样的大环境下，景区作出相应的规划以适应时代的步伐是很有必要的。一个优秀的景区规划，带来的效益是“1+1”远远大于2的，它不仅可以展现城市的独特魅力，同时也可以拉动区域的经济发展，延伸出旅游相关的产业链，使各行各业从中受益。

西湖风景名胜区作为国家5A级旅游景区，免费对外开放，极大地推动了杭州旅游业的发展，与此同时形成的庞大经济效益链，带动着杭州经济的快速发展。但是不难发现，节假日庞大的客流量分布并不均匀。因此本书通过ArcGIS技术生成西湖风景名胜区游步道并与现有游步道进行对比，分析现有游步道设置的合理性。

7.2 研究意义

7.2.1 理论意义

一直以来，ArcGIS技术集中运用于城市道路或公路的选址研究中，而将其运用于山地型风景区游步道选线的研究却较少。基于前人的研究基础，本书以西湖风景名胜区游步道为研究对象进行了尝试，由此可以进一步确定

ArcGIS 在山地型风景区游览线路组织中的运用也同样可行且高效、准确。将 ArcGIS 运用于风景区选线研究也将随着计算机技术的发展，以及游览项目的丰富多样而变得更加重要。

7.2.2 现实意义

近年来，杭州的旅游行业蒸蒸日上，尤其是西湖风景名胜区，年客流量屡创新高。带来可喜收益的同时，也不禁让人对滋生的诸多景区问题感到担忧。经实地调研后发现，节假日庞大的客流量主要分布在西湖风景名胜区东北片的湖心、湖滨区，且已达到高度饱和状态，而西南片的丘陵区，虽然面积大但客流量却相对较少。若增加丘陵区的旅游吸引力，既可以分担湖心、湖滨区的压力，又可以提高西湖风景名胜区的整体吸引力，从而推动杭州旅游业的进一步发展。

事实上，西湖风景名胜区的西南片面积广阔、森林资源丰富，且人文、自然景观多样，这些得天独厚的资源条件已经为景区的蓬勃发展做好了充分的铺垫。除此之外，在如今提倡“健康出行”“亲近自然”“每天一万步”“低碳生活”等生活方式以及“全民健身”的呼吁下，规划好丘陵区的游步道路线能极大地推动景区的发展、响应时代的号召。因此，本书结合层次分析法和等级赋值法，基于 ArcGIS 的空间分析功能，通过构建景区游步道模型，对现有的游步道作出适宜性评价，为景区将潜在优势变为现实优势提供了有效途径。

7.3 国内外研究状况

7.3.1 游览线路的组织

7.3.1.1 游步道规划难点

美国对森林公园或山地型风景区的规划起源相对较早，在 20 世纪 60 年代就已通过了《森林资源多用途法》，以明确的条规支持森林公园的开发。美国国家公园的代表黄石国家公园，作为世界上最早的国家公园，向人们展示了森林公园规划的魅力。自此，美国有一批优秀的学者开始着手森林公园的相关研究。2002 年大卫·伊贝在一项自驾游研究中指出，人们在选择出行路线时，往往会把“风景小道”这项因素优先考虑在内。由此可见，优美的风景对游客的出行具有强大吸引力。因此，评价一个森林公园规划的好坏，可以通过评估山体风景小道规划的优劣来进行。但是，在森林公园中规划出适宜的游步道是一项比较艰巨的任务。丁洪建等人在关于登山健身步道规划的研究中指出，编制游步道规划存在两个技术难点：①海拔、山体倾斜程度、水流溪流及生态环境敏感度都对游步道选线有一定的影响，建设时需要科学的依据作为指导；②要注意准确把握山体内的人工设施、道路网络，这样才能使规划在复杂的三维空间里变得更为准确。所以，规划难点主要集中在两个方面：一方面，对于景区游步道规划时，涉及的影响因子没有特定的统一标准，对其评价也因此受到限制；另一方面，山地型风景区本身的地理特征决定了道路规划的地形复杂性，在三维空间上规划时，需要准确的地理定位，否则极小的偏差也会导致最终结果的极大差异。

7.3.1.2 游步道组织原则

山地型风景区内设置游步道的主要目的虽然不是参观和游览，但可以巧妙地将游客和环境融洽地交织在一起，对于烘托景区景点和优化游客体验感起着至关重要的作用。一般情况下，主游步道的路线会依照现有的山路，不作太大的变动，一方面保证了游步道线路的可行性，另一方面也考虑了经济效益。同时，徐筱婷等人提出，规划主游步道时，可优先考虑溪流，当游步道与溪流并行时，会大大提升游步道的趣味性。一个成功的游步道系统设计，应着重考虑使用者的类型及其安全、生态保护三个方面因素。高华及苗东利等人在关于游步道设计的相关研究中指出应遵循以下五个原则。

1. 引导游览原则

风景小道的设计，要以安全为主，同时在结合山体现状的情况下，把建设经费降到最低。一般情况下，不会对原有道路作出巨大改变，而是相应调整不合理的地段，合理地进行保留。利用好现有的沿路资源，用游步道连接各点，突出现有景点，利用好一切自然资源，把山体资源效益最大化。同时，道路的设计必须考虑游客的游玩体验，也就是说，游步道的整体形状应当是环状的，游客可以从任意一点进入，也可以从任意一点离开，不需要走回头路。但如果游步道的铺设受山体地形限制时，单向的游步道也同样可取，可以适当添加休憩区域，供游客在途中休息。

2. 以人为本原则

在森林公园中，当游客穿梭其中时，希望尽可能便捷、舒适、安逸，在游玩享乐的同时感受到该区域的人文情怀、风土文化以及自然风光。这就要求以人为本，考虑安全性、便捷性等重要因素，并强调“人”这个主体的感官感受。只有达到人性化的设计，才能算得上是真正合格的规划。

3. 景观与文化相融原则

山地型风景区的徒步旅行路线要以安全舒适的环境为基础，并且利用好自然生态环境铺设游步道，以达到某一区域锦上添花的效果。与此同时，文化也是旅游景观设计的一个重要主题，因此游步道景观也成了展现地域文化的载体。在设计过程中，一方面要尽可能保留当地原汁原味的生态环境，另一方面要通过原有资源突出地域文化特点。在旅游的过程中，人们注重的是异域文化的体验感，在寻求不同文化源头的过程中，深刻体会、感受，以期达到欣赏并融入其中的目的。所以在设计时，要将景观、人文风俗、生态环境融合交织在一起，三者相互衬托，以达到效益最大化。

4. 与环境相协调原则

张自衡等人在鬼谷岭森林公园游步道的相关研究中指出，随着时代的快速发展，青山绿水遭到了一定程度的人为破坏，这与“开发自然”的初衷是背道而驰的，和竭泽而渔是一样的道理。所以要在保护自然、尊重生物多样性的基础上，把生态环境保护放在第一位，再结合其他考量因素，作出合理的规划。生态景观和人文景观是景点规划的中心和主题，所有的人为变动应尽可能地围绕这两个因素展开，发挥好陪衬、突出作用。要使人工设施与自然环境高度统一和相互融合，则须以自然为主、人工为辅，巧加点缀，最终在突出人工设施的风格、特点的同时做到顺应自然、融于自然。人工设施应在外形、大小、比例、材料、颜色上考虑与自然的协调性。

5. 适当超前原则

刘倩在黄山风景名胜区游步道规划设计研究中指出，风景区是在不断变化和发展的，因此游步道的规划和建设也需要相应地进行适当改变和开发。固定、单一的游步道形式和设计方法，不能满足景区的开发需求。因此，在规划景区游步道时，应该通过科学的预测，对景区的未来趋势进行研判，对将来可能暴增的客流量、脆弱的生态承受度、较大的环境影响等诸多方面做出相应的调整。

7.3.1.3 影响因子

一般来说，游客都会选择风景秀美的地段作为旅游线路，因此，在两点之间找出一条风景优美的路线是一项常见的旅游规划任务。那么想要通过运用特定的工具自动生成游步道路线，则必须先确定可以被定性为影响“风景秀美”的主要因素，如水文因子、植被因子等。水资源是生态系统中必不可少的一个要素，也是需要在生态建设中重点把控的一个要素，它在自然环境中担任着一个活泼的角色；而植被是生态环境中另一个重要因素，对景观独特性的保护、生物多样性的保护和生态系统稳定性的维持起着重要的作用。通过查阅多份文献后，归纳总结出以下六个影响因素。

1. 坡度

显而易见，在山地型风景区道路的规划中，坡度的重要性不言而喻。陡峭的地形不但会对前期施工带来极大的挑战，也会增加施工的成本，而后期也会限制一部分游客的选择，一般而言，人们更倾向于平缓的道路以减少体力的支出。所以，在规划时，一般越平缓的地带，越适宜建造游步道。但是坡度只是划分是否可建设的一个标准，某些时候，比较陡峭的地形对于爱挑战、冒险的攀登者来说，却更具有吸引力。所以坡度问题，需要具体参考山地型风景区的主题，若以休闲游憩为主，则坡度平缓较为适宜；若以登高冒险为主，则可适当增加坡度，以达到主题效果。考虑到西湖风景名胜区整体海拔不高，坡度较缓，将其定性为以“休闲”为主，所以在赋值时，坡度越大，分数越低，越不适宜建设游步道，这样的计算方式也能将经济效益和实用性在结果中体现出来。同时，坡度不是单一的影响因素，坡度的缓急也决定着景观敏感度。坡度越大，景观的相对坡度敏感度越高，在一定程度上代表着陡峭的地点，能看到更多的自然风光。所以在后期，权重的确定也是一项比较重要的任务。

2. 高程

我国的主要地形有平原、丘陵和山地。相对平原来说，丘陵和山地具有较高的海拔，在规划时要充分考虑这两种地形的纵坡性。西湖风景名胜区整体海拔不超过 400 米，属于丘陵。杨尧兰等人在关于森林公园游步道设计的研究中提到，一般情况下，将高程较低的路段作为机动车、自行车的主要道路，高程较高的路段作为登山步道和休闲健身道路。所以在规划过程中，海拔其实是比较令人纠结的一个因素，既不能过高，也不能过低。但是作为定量研究，在考虑计算方便的情况下，本书设定的标准为海拔越高，越不适宜建造，考虑到工程量、施工成本等，给予的分值则越低。

3. 地类

杨尧兰在关于森林公园游步道设计应用的相关研究中表明，地类因子是影响游步道线路规划的重要因子之一。加入地类因子后，评估体系可以更加充分地表达“主游步道的选线会依照现有的山路，不作太大的变动”这一原则，即在地类中对硬质地面相关的土地类型赋予最高值。

4. 景观视觉敏感度

早先只有景观敏感度这一概念，随着研究的深入，在地学研究学科中衍生出一个新的概念，即景观视觉敏感度。明慧等人在昆明市海口林场森林景观视觉敏感度评价中指出，景观视觉敏感度受两大因素影响：距离和坡度。一般情况下，要想得出某地段的景观综合视觉敏感度，需要先计算出景观相对坡度敏感度和景观相对距离敏感度，再对二者赋予一定的权重后，计算出景观综合视觉敏感度。而张为在视觉敏感性的研究中，选取了视域和视觉距离这两个主要因素，视域分析可采取 ArcGIS 单点视域叠加分析的方法，得出景区视域得分图。

5. 景点可见性

一般情况下，游步道都会用于连接景区内的多个景点，使景区内的效益达到最高。此时，景点的可见性就变得至关重要。景点可见度越高的地点，越适合铺设游步道；反之，景点可见度低的点，没有特殊情况，不会特意开发用作道路的建设。

6. 水文

很多的研究都指出了水文因子在森林公园游步道选线中的重要性。一般情况下，规划风景小道时，会尽可能地利用景区内原有的自然生态资源，即溪流。依山傍水是从古至今的一种美学追求，沿溪水而建，能极大地给人带来舒适感，从而优化游客的游览体验。

7.3.1.4 因子权重的确立

有很多方法可以确定评价指标的权重，如层次分析法（AHP）、专家调查法、模糊分析法、二项系数法、环比评分法等，其中层次分析法运用最广泛，操作相对简单，是一种直观、方便、实用、快速实现定性转定量的方法。廖红强等人在运用层次分析法确定权重系数的相关研究中详细介绍了层次分析法，并具体描述了层次分析法的使用流程与步骤，如图 7.1 所示。

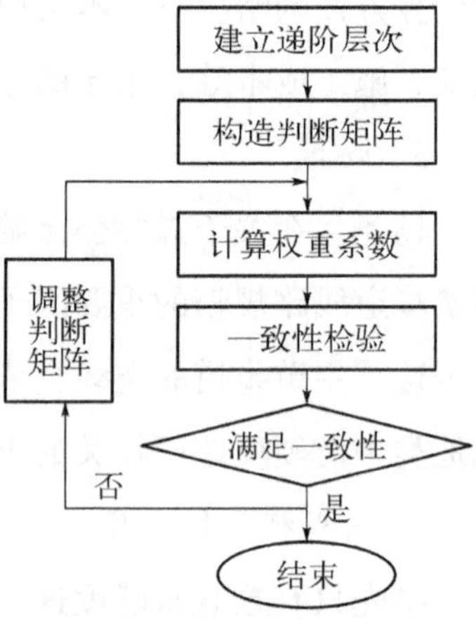

图 7.1 层次分析法的使用流程与步骤

张乐等人在使用层次分析法确定指标权重时，是基于“序数”进行赋权。具体操作是将原先 1—9 的赋值方法，替换为“+”“=”“-”：首先，咨询多名专家，当认为 A 指标相对 B 指标重要时，在表格内填“+”；当认为 A 指标和 B 指标同等重要时，填“=”；当认为 A 指标不如 B 指标重要时，填“-”。其次，综合多名专家意见，得出认为 A 指标重要的百分比和认为 B 指标重要的百分比等，百分比越高的指标，最终的赋值也越高。这样做的目的，可以大大降低主观性。改进的层次分析法简单易行、便于操作，且确定的权重结果也是可靠的。伊姆蒂亚兹在层次分析法的相关研究中指出，层次分析法为决策过程提供了框架，在结合 ArcGIS 空间分析工具后，能快速、便捷、准确地处理土地相对适宜性，这是目前运用于道路选线最广泛的方法之一。

7.3.2 ArcGIS 在道路选线中的应用

7.3.2.1 ArcGIS 在道路选线中的优势

ArcGIS 相对于传统的 CAD 来说，优势是很明显的，它十分擅长处理三维空间上的设计问题，操作简便，研究结果直观明了。尤其是在森林公园或山地型风景区这样的特殊研究区域，地形比较复杂，缺少直观的高程因素，在 CAD 中无法解决游步道的选址问题。ArcGIS 独有的空间分析工具和结果可视化，给各领域的研究带来了极大的便利。徐永敏等人在研究 ArcGIS 道路选线辅助系统时指出，ArcGIS 的工具库非常强大，针对不同的研究需求，可以尽情选取不同的选线方法和处理模型。随着 ArcGIS 的不断发展，矢量、栅格等多种空间数据结构之间的相互转换也变得轻而易举，这为本书的研究提供了操作的可能性。

在国外，美国使用 ArcGIS 进行道路选址的年代较早，研究也较为丰富。例如，1998 年威廉·米勒在《绿道适用性分析的一种方法》一文中提出了一种将适宜性分析与地理信息系统技术相结合的绿道分析方法，通过这种方法评估了美国亚利桑那州普雷斯科特山谷镇绿道开发地点的适宜性。方法中确定了绿道分析中运用的五个主要步骤，包括：确定土地的分类使用，集合空间要素，确立各要素的重要性程度，利用地理信息系统对数据进行分析和结果可视化，最终根据所得结果做出相应的评估。山谷镇的绿道建设与西湖风景名胜区的游步道建设类似，这对本次的研究设计有较大的参考意义。

总而言之，利用 ArcGIS 工具进行道路选线，比人工选线更便捷、快速，且更具有科学性。通过层次分析法可以将定性问题转换为定量问题，再通过 ArcGIS 的空间分析工具，为定量因子可视化提供了一条可行的道路。这样的操作流程，无论是在公路道路的选线还是山体游步道的选址中，都具有适用性。

7.3.2.2 空间分析工具

空间分析工具是 ArcGIS 独有的工具，它能提取空间数据的信息，通过特定处理，表达在图面上，将结果可视化、直观化，将三维问题变得与平面问题一样简单，大大提高了工作效率，也提高了数据分析的精确度。具体在进行山地型风景区游步道选址时，常用工具有以下四种。

1. 表面分析

一般的表面分析有坡度、坡向、山体阴影等，只需要数字高程模型，即 DEM 就可以通过 ArcGIS 轻松地实现。通过表面分析，设计者可以快速地了解研究区域的大致情况，摸清整体地形，为后续的研究提供便利。

2. 缓冲区分析

缓冲区分析简单来说就是在给定一个特定的点之后，通过设置距离，快速筛选出研究所需要的特定距离内的所有研究区范围。缓冲区不设定形状，可以是点缓冲、线缓冲、面缓冲。

3. 叠加分析

叠加分析顾名思义就是叠加起来进行分析。叠加分析的结果同时具备两个图层所具有的属性信息，可用于筛选既符合 A 图层属性，又符合 B 图层属性的结果图层。叠加分析不止局限于两个处理对象，也可以是两个以上。通过加、减、乘、除，创建分析区后，对两个图层之间的关系进行初步的处理。在运用叠加分析时，要注意将两个图层的坐标保持一致，同时要求两个图层是在同一基准面内。

4. 网络分析

网络分析中，最短路径分析是一项非常常见且运用广泛的分析。最短路径，某些情况下代表的是两点之间最短距离的路线，但是一般情况下，最短路径代表的是最佳路径，即成本最小路径。成本最小具体可以表现为建设成本最低、费用最少、效率最高、耗时最少，或者在特定条件下可以表达为风景最为秀美、景点最为丰富等。

综上所述，国内外研究中，国外研究更偏向于理论指导，表明风景小道是旅游景区中的一个重要因素，影响着一个景区规划的好坏，合理的游步道规划在一定程度上是提升游客数量的关键；而国内研究则提供了更多的技术指导，将定性的影响因子借助 ArcGIS 的空间分析工具定量化地表达出来，为本书的研究提供了一条解决思路。本书结合西湖风景名胜区的具体情况，构建了更符合本书研究区的影响因子体系，结合层次分析法和等级赋值法，最终实现西湖风景名胜区游步道线路规划的定量化研究。

7.4 研究区概况及研究方法

7.4.1 研究区概况

西湖风景名胜区以西湖闻名。西湖的三面有群山环绕，群山属于丘陵型，海拔最高不超过 400 米。现丘陵区的群山上森林资源丰富，散落着无数的景点，开发强度较低，具有很大的旅游开发潜力。

7.4.2 研究方法

7.4.2.1 具体方法

本书主要通过文献研究法和定量分析法对西湖风景名胜区游步道选址进行研究。借鉴和总结前人的研究结果，结合西湖风景名胜区的特点，遵循因子筛选原则，确定影响因子，再通过层次分析法对各因子赋予权重值。同时对 DEM 进行空间分析，得出所需的各因子得分的栅格文件，通过叠加分析，生成最终的游步道成本栅格文件。使用最短路径选择工具，结合景点分布状况，得到西湖风景名胜区游步道选线。将得到的游步道选线与现存的游步道路线进行重合度对比，最后得出结论，并分析原因及提出对策。此研究方法综合了定性和定量分析，使研究结果变得更有说服力。

7.4.2.2 技术路线

本研究主要借助 ArcGIS 实现信息数据源的提取，采用层次分析法和等级赋值法，利用现有游步道路线与游步道选线结果进行对比分析，对游步道设置的适宜性做出评价。主要技术路线如图 7.2 所示。

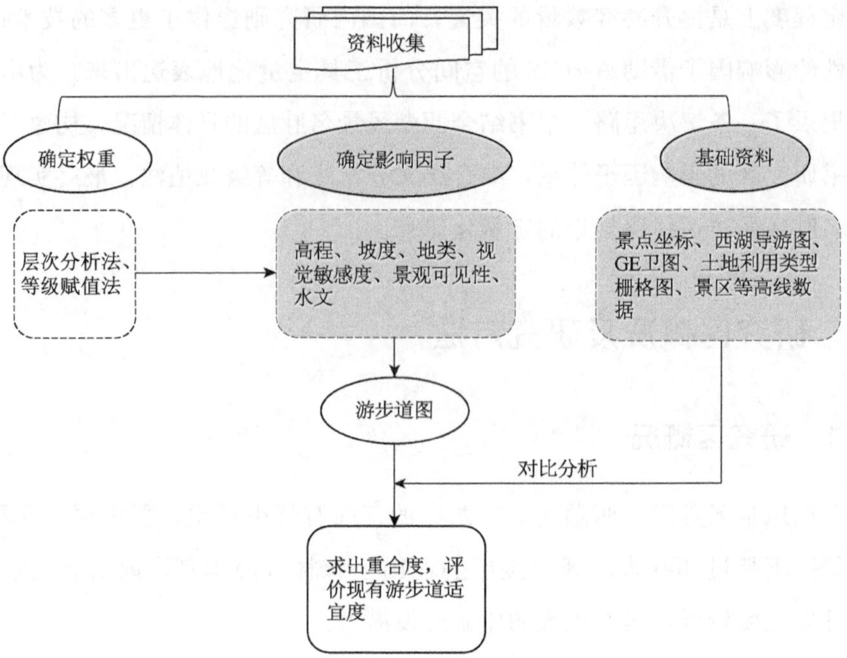

图 7.2 技术路线

7.5 数据获取及处理

7.5.1 基础资料的收集

收集的资料有：景点坐标（通过百度地图及实地调研获得景点经纬度）、西湖导游图、GE 卫图、土地利用类型栅格图（通过地理国情监测云平台获得）、景区等高线数据等，其中部分数据由指导教师友情提供。

7.5.2 选取因子及确定权重

7.5.2.1 因子选择原则

查阅相关研究后发现，关于道路选线的研究较多，而山区游步道选线的研究相对较少。但是，从原理上来说是万变不离其宗的。一般情况下，道路规划是多种因素交织影响的结果，因此需要多次对比，选择影响最明显、又适宜定量研究的因子。因子数量不可过多，也不可过少，过多会突出主观影响，过少则对线路的筛选意义不大。

1. 易操作性原则

由于需要将定性因子定量化，故在选择因子的过程中，要考虑因子是否能够定量化。例如水文因子，看似抽象，但实则可以通过设置缓冲区距离来划出适宜傍水修建游步道的区域；又如历史因素，由于研究区的范围较大，收集资料的能力有限，想要获取山区各个区域的历史文化背景，相对来说是很困难的，通过年份来筛选道路选址也是不合理的。

2. 主导性选择

影响山地型风景区道路系统规划的因素很多，因此，应当选出影响最大的主要因素，剔除次要因素的干扰，使最终的计算结果更客观。

3. 稳定性原则

在选择影响因子时，应考虑其稳定性，选出的因子尽量不会随着时间的流逝、温度的变化、气候的变迁而发生巨大变化。稳定的因子会使最终的计算结果更加稳定，从而为后期的规划提供更好的帮助。

7.5.2.2 因子的确立

借鉴灵石山、鹅湖山国家森林公园，黄山、南宁青秀山风景名胜区等多个景区游步道规划研究以及结合西湖风景名胜区自身的特点，最后选定 6 个影响因子，即地类、坡度、高程、水文、视觉敏感度、景观可见性。

7.5.2.3 权重的确定

通过层次分析法，结合专家意见，为六因子赋相对重要性值（第一次为四因子，后经过讨论，第二至第五次改为六因子，考虑到九溪十八涧的游步道在四因子的计算下偏差较大，故加入水文因子以减小游步道选线的误差，加入景点可见性因子以提高决策的科学性）。本书共进行了 5 次权重赋值，具体见表 7.1—表 7.5。

表 7.1　第一次四因子权重

因子	高程	坡度	视觉敏感度	地类
权重	0.28	0.17	0.49	0.06

表 7.2　第二次六因子权重

因子	地类	高程	坡度	水文	景点可见性	视觉敏感度
权重	0.04	0.09	0.24	0.06	0.13	0.44

表 7.3　第三次六因子权重

因子	地类	高程	坡度	水文	景点可见性	视觉敏感度
权重	0.04	0.09	0.13	0.06	0.24	0.44

表 7.4　第四次六因子权重

因子	地类	高程	坡度	水文	景点可见性	视觉敏感度
权重	0.04	0.13	0.06	0.09	0.45	0.23

表 7.5　第五次六因子权重

因子	地类	高程	坡度	水文	景点可见性	视觉敏感度
权重	0.04	0.09	0.06	0.13	0.45	0.23

经过基于 5 次不同权重的局部游步道对比，筛选出三种相对合理的权重（第一次、第二次、第四次），再基于这三种权重，生成整体游步道，最后对生成的三条游步道再进行对比，筛选出最合理的一条游步道进行适宜性评估。

7.6　游步道选线适宜性评价

7.6.1　数字高程模型的建立

本章统一采用 Xian 1980 投影坐标系，根据西湖风景名胜区地形矢量图，通过 3D Analyst 工具下的数据管理，创建 TIN，生成三角网（图 7.3），再将三角网数据转换为 10×10 像元大小的栅格数据，通过 3D Analyst 工具→转换→由 TIN 转出→TIN 转栅格，生成最终的数字高程模型 DEM（图 7.4）。

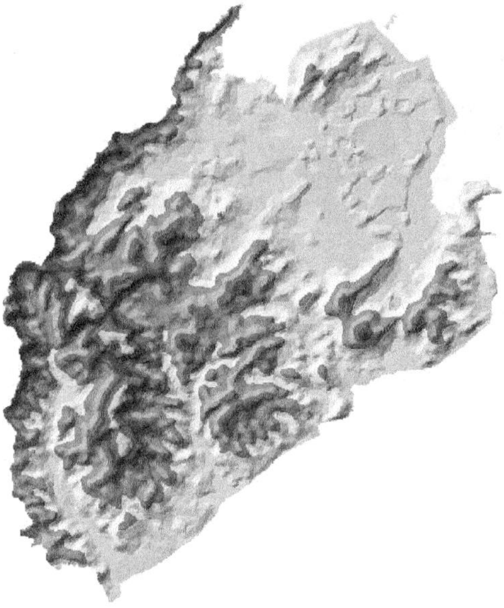

图 7.3　三角网 TIN

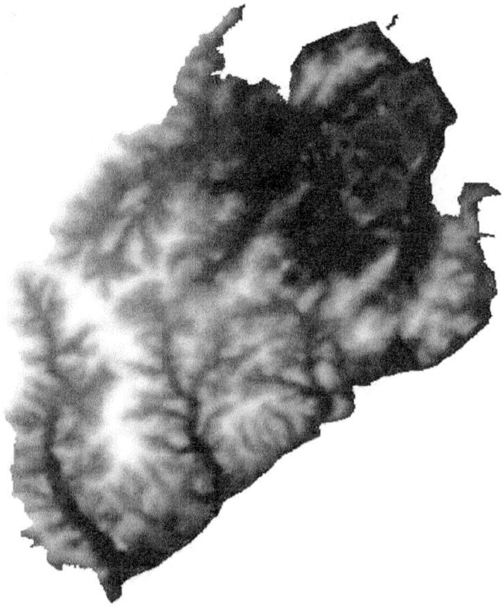

图 7.4　高程模型 DEM

7.6.2　景点数字化

实地调查西湖新旧十景、保留游步道原址景点并结合问卷调查，共筛选出 52 个受游客欢迎的景点，分别是：龙井问茶、云栖竹径、九溪烟树、虎跑梦泉、玉皇飞云、满陇桂雨、黄龙吐翠、宝石流霞、南屏晚钟、灵隐禅宗、梅坞春早、万松书院、吴山天风、南高峰、许家坞、天龙寺、黄宾虹故居、理安寺、九溪十八涧、五云寺、五老峰、月桂峰、紫来洞、韬光寺、云栖寺、棋盘山、虎跑后山、杨梅岭、老玉皇宫、上天竺、慈云岭造像、革命烈士纪念馆、凤凰山、报恩寺遗址、上满觉陇、南屏山、九曜山、八卦田、南观音洞、月宝亭、挹江亭、太子湾公园、金鼓洞、初阳台、抱朴道院、牛皋墓、林海亭、得意亭、杭州市革命烈士陵园、寿星山、天下第一财神庙及灵隐寺。再通过在 Excel 表中输入“景点，X，Y”，即景点名称与相对应的经纬度，保存后导入 ArcGIS 中生成点矢量图层，即西湖风景名胜区景点分布图（图 7.5）。

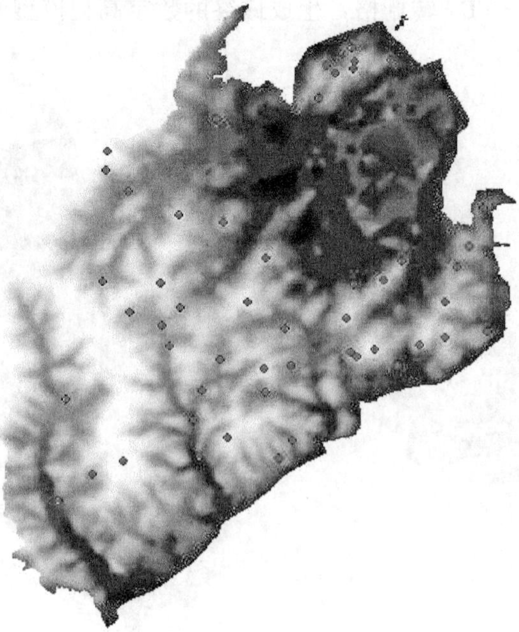

图 7.5　西湖风景名胜区景点分布

7.6.3　各因子信息提取

7.6.3.1　高程因子

打开生成的 DEM 属性表可以看到，景区内海拔最高点为 390 米，海拔最低点为 10 米，两点之间的差值为 380 米。利用重分类中“自然间断点分级法”（图 7.6）进行分类，基于林继卿在森林公园游线方面研究的基础上，结合西湖风景名胜区具体现状，对重分类区间进行赋值，各因子重分类赋值标准相同。分值范围为 0～100，生成高程得分（图 7.7）。

重分类

旧值	新值
10 - 86	100
86 - 162	80
162 - 238	60
238 - 314	40
314 - 390	20

图 7.6　高程因子重分类赋值

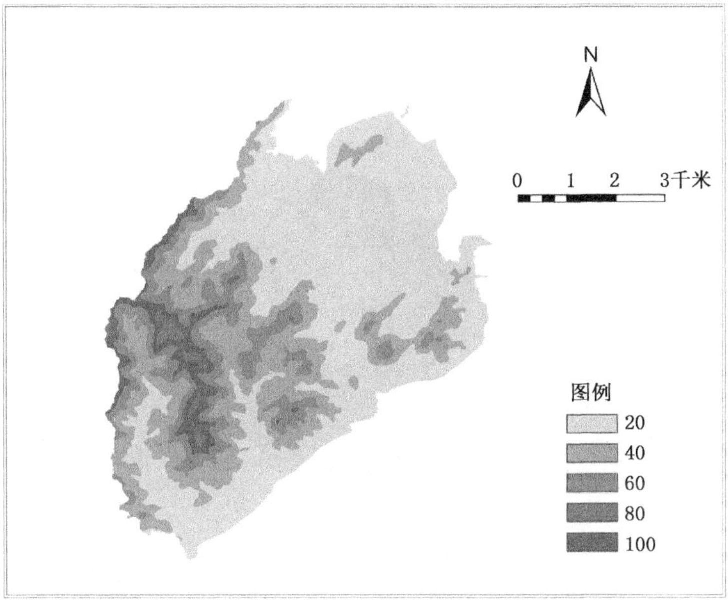

图 7.7　高程得分

7.6.3.2　地类因子

通过地理国情监测云平台获取西湖风景名胜区土地利用类型栅格图。图中显示西湖风景名胜区共涵盖 14 个二级土地类型，分别是：水田、旱地、有林地、疏林地、灌木林地、其他林地、高覆盖草地、河渠、湖泊、水库、坑塘、城镇、农村居民点、公交建设用地；归类于 5 个一级用地类型，分别是：耕地、林地、草地、水域，以及城乡、工矿、居民用地。考虑到水域上方建设游步道成本高，所以选择铺设时应避让，故分值最低。而城乡、工矿、居民用地原本属于硬质地面，适宜再开发，沿原路铺设游步道较为适宜，故赋值最高。关于耕地、林地、草地的赋值，由于占用农耕用地有可能会与人发生冲突，且兼顾国家耕地保护原则，所以游步道选线应尽可能避开耕地；而草地价值没有林地高，故草地的赋值高于林地，即草地更适合修建游步道。地类因子重分类赋值如图 7.8 所示。图 7.9 为地类得分图。

重分类

旧值	新值
耕地	40
林地	60
草地	80
水域	20
城乡、工矿、居民用地	100

图 7.8　地类因子重分类赋值

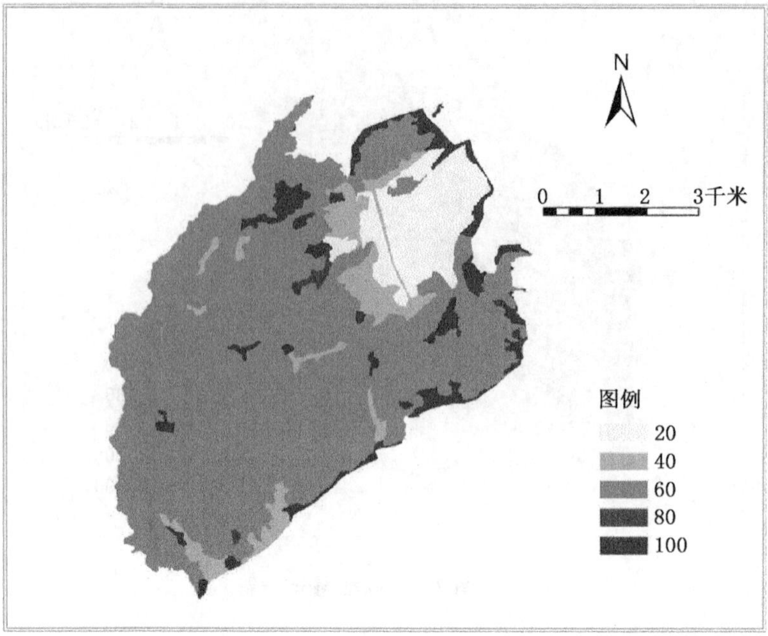

图 7.9　地类得分

7.6.3.3　坡度因子

坡度是影响游步道选线的重要因子之一。一般来说，以游憩休闲为主题的风景名胜区，坡度越缓，越适宜建设游步道，因此赋值也越高（图 7.10）。对重分类后的坡度区间进行赋值，生成坡度得分（图 7.11）。

重分类

旧值	新值
0 - 5.868436	100
5.868436 - 11.736872	87.5
11.736872 - 17.605308	75
17.605308 - 23.473743	62.5
23.473743 - 29.342179	50
29.342179 - 35.210615	37.5
35.210615 - 41.079051	25
41.079051 - 46.947487	12.5

图 7.10　坡度因子重分类赋值

7.6.3.4　水文因子

基于 DEM 数据，进行水文分析，筛选出“流量＞10 000”的主要河流，生成西湖风景名胜区丘陵片的河流网，并对不同流量进行分级赋值，得到水文得分（图 7.12）。

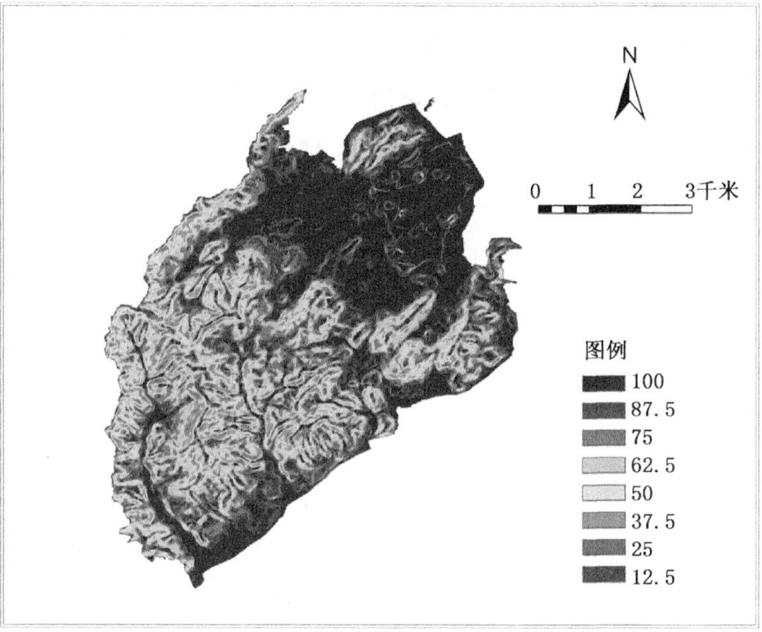

图 7.11 坡度得分

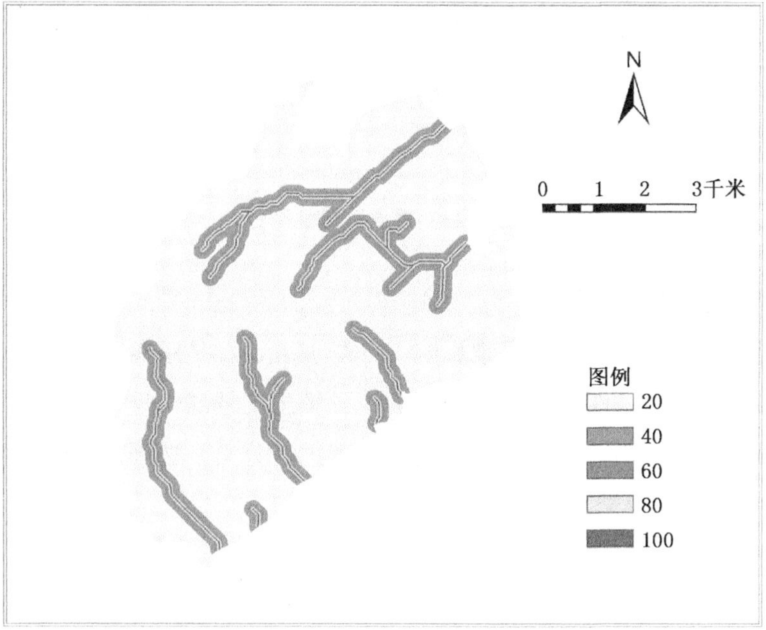

图 7.12 水文得分

7.6.3.5 景点可见性因子

景点可见性，通俗的表达即为一个目标点到景点的视线廊道是否通透。利用 3D Analyst 工具中的可见性，可以快速得到一组景点要素可见的栅格表面位置。可见区域赋值 100，不可见区域赋值 50，得到景点可见性得分（图 7.13）。

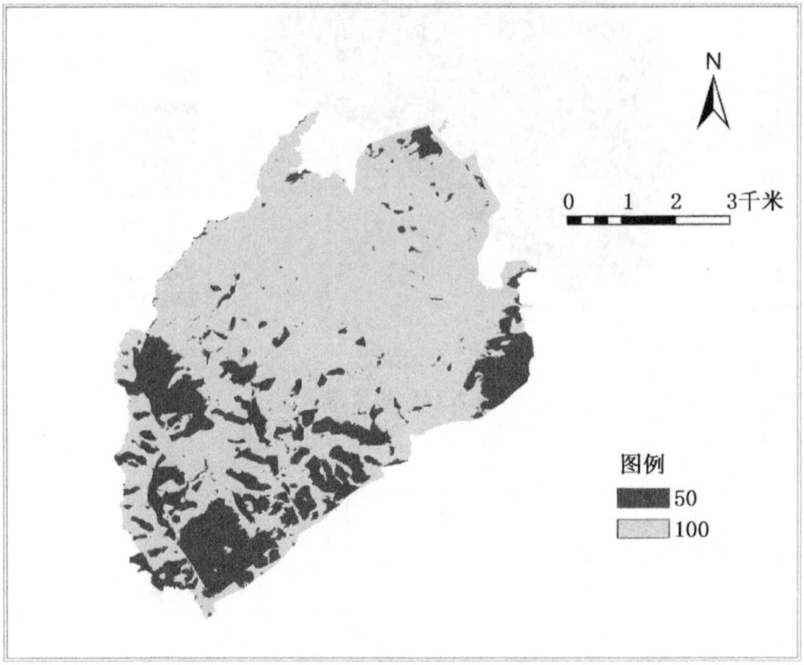

图 7.13　景点可见性得分

7.6.3.6 视觉敏感度因子

视觉敏感度因子受两个要素影响，一是坡度，二是距离。坡度越大，景点的视觉敏感度越高，距离越近，景点的视觉敏感度越高，反之越低。根据西湖风景名胜区的具体山势地形，对坡度和距离进行分类，选择适合的临界点，具体情况如下：

1. 相对坡度景观视觉敏感度评价

将 30°和 14.5°作为两个临界坡度值，具体分类见表 7.6。然后在 ArcGIS 中运用空间分析模块对坡度进行重分类，绘制出相对坡度景观视觉敏感度分布图（图 7. 14）。

表 7. 6　相对坡度景观敏感度分级

敏感度等级	坡度 a 的取值范围
高敏度	$30^\circ \leqslant a < 90^\circ$
中敏度	$14.5^\circ \leqslant a < 30^\circ$
低敏度	$a < 14.5^\circ$

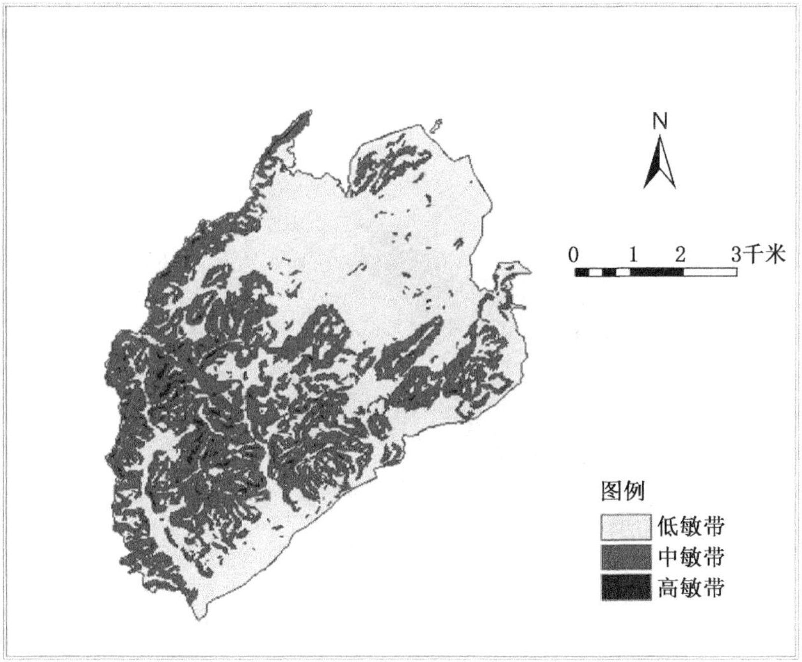

图 7. 14　相对坡度景观视觉敏感度分布

2. 相对距离景观视觉敏感度评价

首先，需要选定一个视觉临界点距离 d。视觉临界点距离即为人站在某一点时，能较清晰地观察到景点的最大距离。根据西湖风景名胜区地形、海拔，以及查阅文献后，将本研究的视觉临界点距离选定为 300 米，当 $d \leqslant 300$ 米时，代表人在此距离下，可以清楚地观察到景点。接着利用重分类中的“自然间断点分级法”划分分界点（表 7.7）。然后利用 ArcGIS 的空间分析功能，绘制出西湖风景名胜区相对距离景观视觉敏感度分布图（图 7.15）。

表 7.7　相对距离景观敏感度分级

景观带等级	视觉临界点距离 d 的取值范围/米
近景带	$d \leqslant 300$
中景带	$301 < d \leqslant 600$
远景带	$601 < d \leqslant 900$
鲜见带	$d > 900$

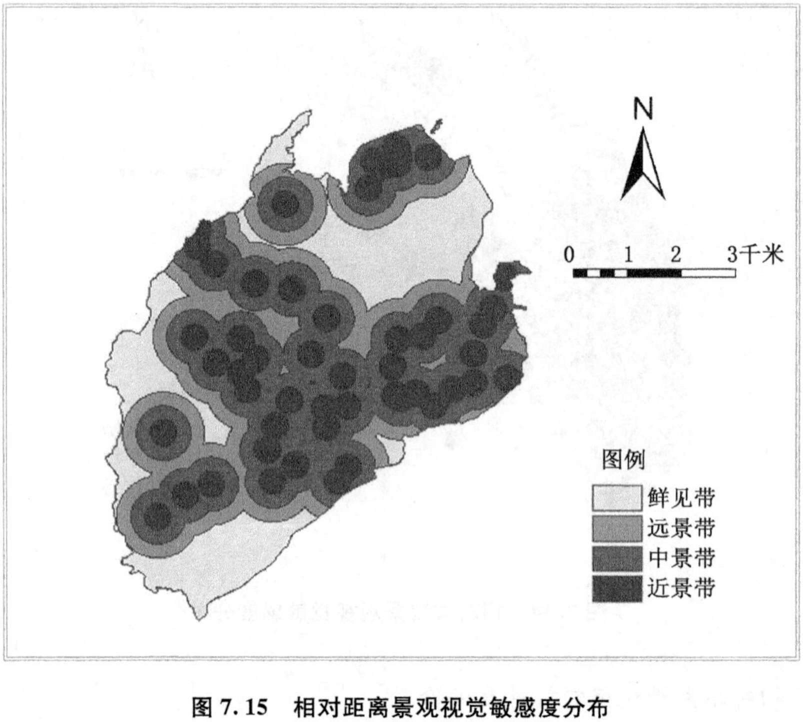

图 7.15　相对距离景观视觉敏感度分布

3. 景观视觉敏感度综合评价

得到相对坡度景观视觉敏感度和相对距离景观视觉敏感度分布图之后，利用 ArcGIS 中的叠加分析，筛选生成四个等级的敏感区：高敏度、近景带的区域为一等视觉综合敏感区，中敏度、近景带及高敏度、中景带为二等视觉综合敏感区，中敏度、中景带及远景带为三等视觉综合敏感区，鲜见带为四等视觉综合敏感区。从一等到四等，赋值依次递减。从而生成西湖风景名胜区景观视觉敏感度的综合评价分级分布图，重分类赋值后获得景观视觉敏感度因子得分（图 7.16）。

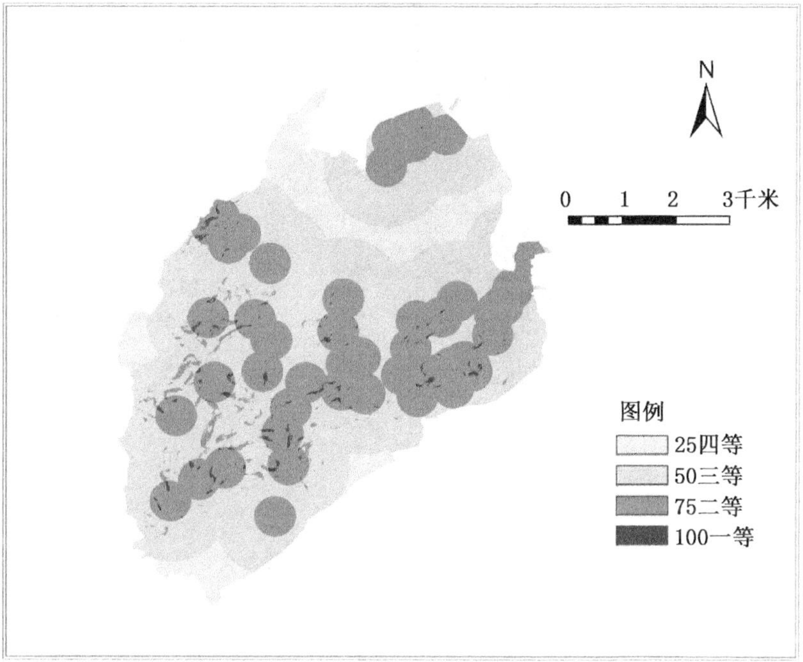

图 7.16 景观视觉敏感度因子得分

7.6.4 游步道选线生成

本书涉及的游步道选线的本质是从一个目标点到另一个目标点的最佳路径，即景点与景点之间的最佳路径。要获得最佳路径，首先要获得游步道选线累计得分图，该图层可以通过栅格计算器赋上权重，将上述六因子的栅格数据进行叠加。具体公式为

$$R=0.13a+0.09b+0.04c+0.06d+0.45e+0.23f$$

其中，a 代表高程，b 代表水文，c 代表地类，d 代表坡度，e 代表景点可见性，f 代表景观视觉敏感度。

最终得到图 7.17，具体过程如图 7.18 所示。

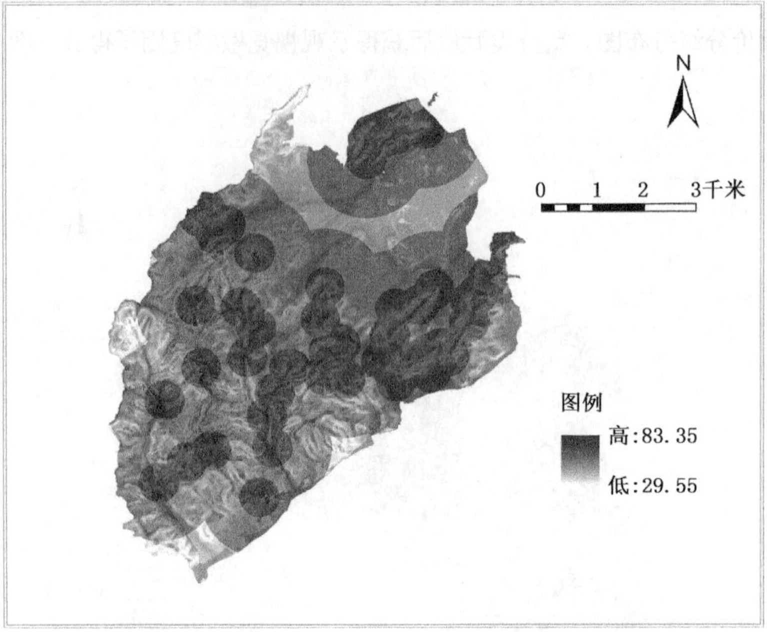

图 7.17　游步道选线累计得分

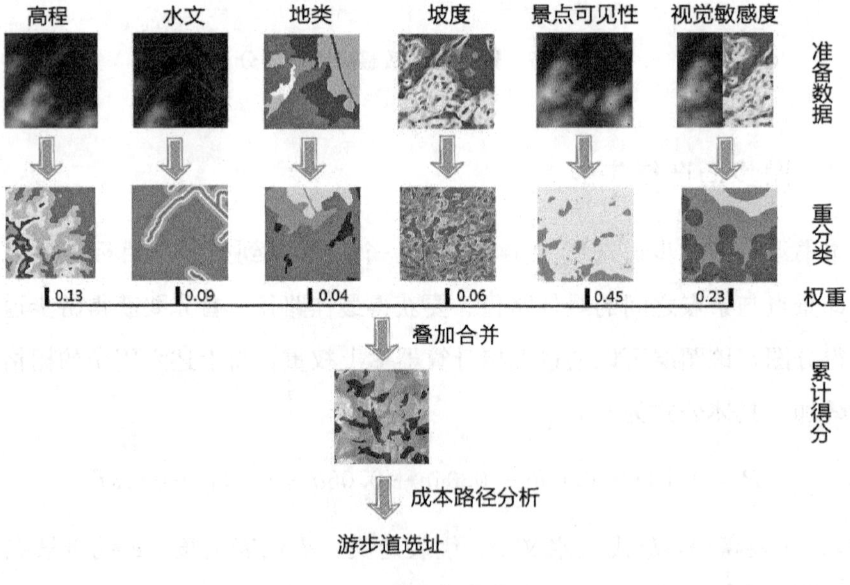

图 7.18　游步道选线过程

由图 7.17 可知，西湖风景名胜区游步道选线累计得分最高区域为 83.35 分，最低区域为 29.55 分。得分越高的区域颜色越深，说明该区域海拔越适宜，坡度越平缓，地类状况越好，景点分布越集中，视觉敏感度越高，越适宜建设游步道。在该区域布线，游客行走在游步道上，均可在景点处从近、中、远观赏到景点。反之，得分越低的区域颜色越浅，相对的影响因子等级越低，若在该区域建设游步道，需要开发道路两侧的景点。

将游步道选线累计得分图与景点分布结合，通过 Spatial Analyst 中的成本路径去计算，可以最终生成西湖风景名胜区的游步道。因为景点数较多，步骤相同，因此可以通过建立模型节省大量操作时间（图 7.19）。将图中的“五云寺”“上天竺”以及“成本路径”设为参数，生成西湖风景名胜区游步道对比，如图 7.20 所示。最终选取了 11 条客流量较大的主要游步道进行生成，分别为云栖竹径游步道、“九溪十八涧”游步道、九曜山游步道、五云山游步道、玉皇山游步道、吴山游步道、宝石山游步道、灵隐游步道、南高峰游步道、龙井问茶游步道、“十里琅珰”游步道。

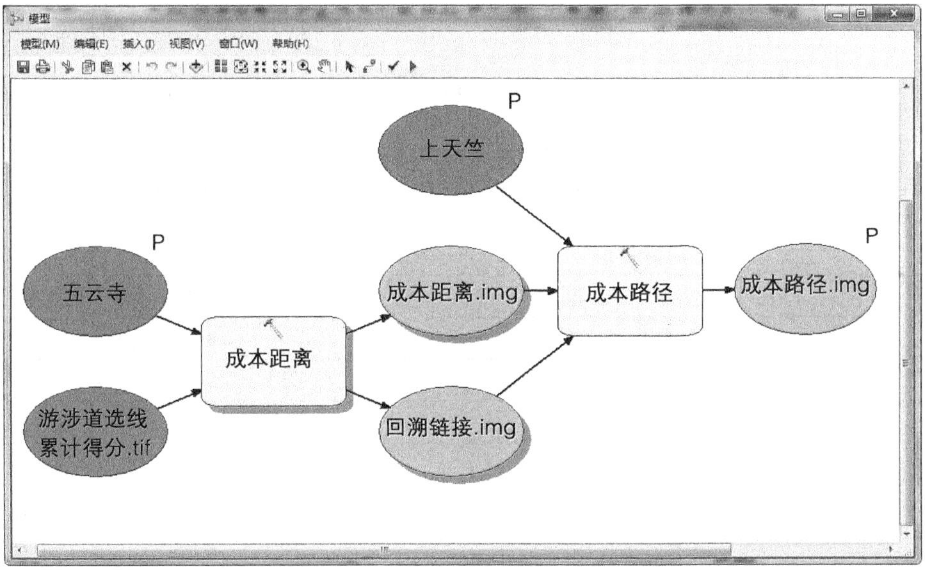

图 7.19　最佳路径模型

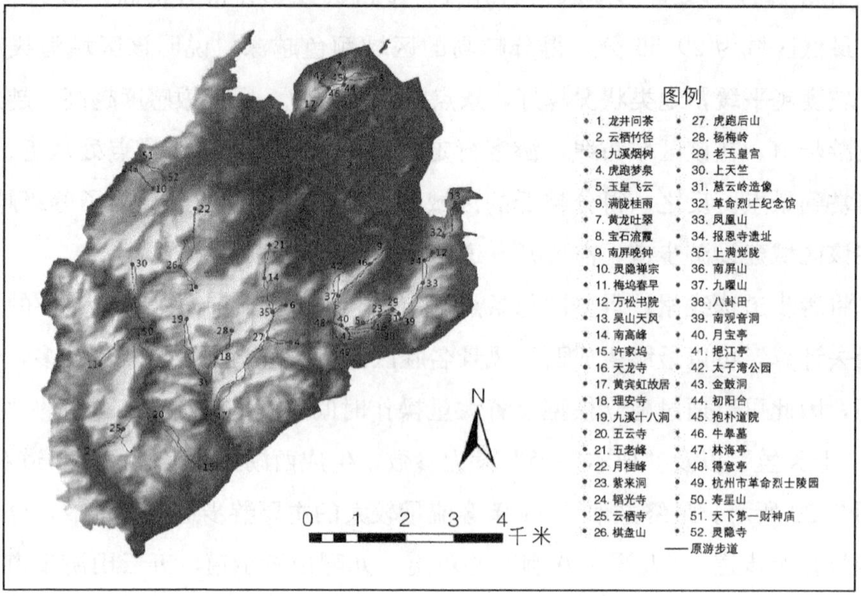

图 7.20 西湖风景名胜区游步道对比

7.6.5 结果与分析

7.6.5.1 各游步道重合度对比（表 7.8）

表 7.8 新旧游步道重合度

名称	重合度
云栖竹径游步道	50%
“九溪十八涧”游步道	60%
九曜山游步道	85%
五云山游步道	90%
玉皇山游步道	70%
吴山游步道	70%
宝石山游步道	85%
灵隐游步道	80%
南高峰游步道	80%
龙井问茶游步道	60%
“十里琅珰”游步道	50%

将新生成的游步道与现存游步道进行对比后发现，整体的重合度在 71%左右。在灵隐景区、宝石山景区、南屏晚钟—九曜山、得意亭—杭州市革命烈士陵园、天龙寺—八卦田、虎跑后山—南高峰—五老峰、九溪烟树—杨梅岭等地段线路吻合较好，在云栖寺—五云寺、棋盘山—月桂峰、玉皇飞云景区以及“九溪十八涧”“十里琅珰”偏差较大，最大偏差 600 米左右，平均偏差 100 米左右，其中“十里琅珰”与云栖寺—五云寺地段偏差尤其大，且改变权重或因子后，均无法缩小偏差。仔细观察后发现，现存游步道基本遵循“沿山脊线布置”的原则，因此在基于最低成本的理想状态下，新生成的游步道整体上和现存游步道重合度不高。

7.6.5.2 原因分析

“十里琅珰”现存游步道主要沿着山脊线布置，而规划线路穿山腰而过，通过查阅文献资料后发现“十里琅珰”现存山地古道，因此，路线偏差大的原因可能是现存游步道为了不破坏古道风韵，故在建造时，沿古道铺设。而云栖寺—五云寺路段，是以“曲径通幽、古木流水”为主打的健康生活游步道。由于此地段的溪水流量过小，无法在水文这一因子中表达出来，且如果此处的游步道是人为地将其“蜿蜒曲折”以达到幽静的效果，那么，在游步道选线的分析中，也无法用定量因子表现出来。并且在查阅资料后发现，云栖竹径游步道两边有着逾千年的枫香古木，建造者可能考虑到观赏性及保护原则，遂将游步道傍古木而建，从而在道路建造成本提高的基础上，有了现在的云栖竹径。这些可能的影响因子都过于主观、人为，无法通过定量因子体现在图面上。

而重合度较高的五云山、宝石山、九曜山游步道，山体海拔适宜，坡度平缓，地类状况好，景点分布相对集中，视觉敏感度、景点可见性高，十分适宜游客观光。同时，也是因为这三条游步道受高程和坡度的影响，没有特殊的影响因素，因此在定量因子的表达形式下，可以较好地反映现状。

7.6.5.3 相应对策

“九溪十八涧”游步道受水文因子的影响较大，但是该区域的景点可见性较低，可适当增设一两处沿路景点，将优美的景观节点放大，延长游客游览的观光时间。棋盘山—月桂峰段的游步道相对其他几条游步道来说客流量是最少的。究其原因，主要是该地段相对来说坡度较大且景点少，对以健康休闲为目的的人群来说，不是首选线路。因此，对该地段可进行二次开发，将游步道的定位从健康休闲转为趣味冒险，可在一定程度上吸引一批年轻且乐于挑战的游客。

7.7 研究不足

（1）本书选取了 6 个因子，在尽量符合因子选择原则的情况下，新生成的游步道与现存游步道重合率依旧偏低，一部分原因在于现存游步道的确存在不合理之处，而另一部分原因在于因子的选取有可能存在不全面的地方。

（2）层次分析法的主观性很强，因此权重可能存在不合理之处，以及各因子在重分类时的分界值与赋值含糊，没有找到相关可借鉴的文献，在无科学指导与定义的情况下，主观操作也会导致新生成的游步道产生偏差。

（3）进行视觉敏感度分析时，相对距离景观视觉敏感度的定义模糊，没有针对性。笔者查阅文献后发现，一些“以 300 米、600 米为界”，一些“以 25 米、110 米为界”，并未指出数值边界值是如何获得的。所以本书通过重分类中的“自然间断点分级法”划分分界点，可能存在不合理的地方。

（4）问卷发放难度较大，问卷发放基数也不大，可能存在游客不认真填写的因素，一定程度上会影响因子的权重值。

（5）一些对游步道影响较大的因素无法定量化。例如，历史因素（古道）无法定量化，导致在游步道的选线中某些路段重合率低。

第 8 章

西湖风景名胜区古树名木资源特征及开发保护

西湖风景名胜区因其自然条件优越，人文历史悠久，孕育并保存着大量的古树名木。这些古树名木与周围的自然景观及古建筑交相辉映，既添了景色，又成了西湖风景名胜区古迹的历史见证。

8.1 西湖风景名胜区古树名木资源特征

8.1.1 资源总概况

对 2017 年西湖风景名胜区古树名木普查数据进行统计分析，可得西湖风景名胜区范围内共有古树名木 796 棵，包括古树 793 棵，名木 3 棵，分属 29 科 51 属 66 种。其中就保护级别而言，一级保护古树 76 棵，二级保护古树 99 棵，三级保护古树 618 棵；就地域分布而言，吴山管理处有 78 棵、岳庙管理处有 153 棵、湖滨管理处有 62 棵、钱江管理处有 221 棵、凤凰山管理处有 58 棵、花港管理处有 49 棵、灵隐管理处有 111 棵、杭州植物园有 35 棵，其他单位有 29 棵。

8.1.2 资源特征

8.1.2.1 树种构成

西湖风景名胜区古树名木中树种较多的是樟科 8 种、豆科 7 种、榆科 6 种、壳斗科 5 种。对各科数量进行分析，将各科按数量由大到小排序，排在前五位的数量均在 30 棵以上，其中数量最多的是樟科，有 4 属 8 种 379 棵，占总数的 47.6%；其次是榆科，有 3 属 6 种 77 棵，占总数的 9.7%；再次是金缕梅科，有 1 属 1 种 76 棵，占总数的 9.5%；而数量最少的是大戟科、冬青科、胡颓子科、柿树科和梧桐科，分别只有 1 棵（表 8.1）。

表 8.1　西湖风景名胜区古树名木分科统计

序号	科名	属数	种数	数量/棵				
				一级	二级	三级	名木	小计
1	樟科	4	8	43	49	285	2	379
2	榆科	3	6	1	3	73	0	77
3	金缕梅科	1	1	11	14	51	0	76
4	壳斗科	4	5	7	13	37	0	57
5	银杏科	1	1	6	8	19	0	33
6	豆科	6	7	0	3	23	0	26
7	木樨科	3	3	0	0	25	0	25
8	木兰科	2	3	1	0	14	0	15
9	槭树科	1	3	0	1	11	0	12
10	漆树科	1	1	1	3	7	0	11
11	松科	2	3	0	0	11	0	11
12	蜡梅科	1	1	0	1	9	0	10
13	杨柳科	2	2	0	1	9	0	10
14	罗汉松科	2	2	1	0	8	0	9
15	胡桃科	1	1	0	0	7	0	7
16	七叶树科	1	1	2	0	5	0	7
17	柏科	1	2	1	0	5	0	6
18	山茶科	2	3	0	0	4	0	4
19	紫葳科	1	1	2	1	1	0	4
20	蔷薇科	2	2	0	2	1	0	3
21	杉科	2	2	0	0	2	1	3
22	千屈菜科	1	1	0	0	2	0	2
23	石榴科	1	1	0	0	2	0	2
24	无患子科	1	1	0	0	2	0	2
25	大戟科	1	1	0	0	1	0	1
26	冬青科	1	1	0	0	1	0	1
27	胡颓子科	1	1	0	0	1	0	1
28	柿树科	1	1	0	0	1	0	1
29	梧桐科	1	1	0	0	1	0	1
合计		51	66	76	99	618	3	796

就单个树种而言，西湖风景名胜区古树名木中樟树分布最广泛，有355棵，占总数的44.6%；其次为枫香、珊瑚朴、银杏、苦槠、木樨，分别有76棵、46棵、33棵、32棵、22棵（表8.2）。由此可知，樟树、枫香、珊瑚朴、银杏等树种在该地区具有较长的栽培历史和抗逆性。然而有25种古树全区仅有1棵，如白蜡树、北美红杉、刺槐、大叶冬青、鹅掌楸等。

表8.2　西湖风景名胜区古树名木种类与数量

植物名称	数量/棵	科名	植物名称	数量/棵	科名
樟树	355	樟科	槐树	11	豆科
浙江楠	15		紫藤	5	
薄叶润楠	2		常春油麻藤	3	
豹皮樟	2		龙爪槐	3	
刨花楠	2		皂荚	2	
红楠	1		刺槐	1	
浙江樟	1		黄檀	1	
紫楠	1		木樨	22	木樨科
珊瑚朴	46	榆科	女贞	2	
朴树	16		白蜡树	1	
糙叶树	11		广玉兰	13	木兰科
红果榆	2		鹅掌楸	1	
杭州榆	1		玉兰	1	
榔榆	1		三角槭	10	槭树科
枫香	76	金缕梅科	鸡爪槭	1	
苦槠	32	壳斗科	羽毛枫	1	
麻栎	12		黄连木	11	漆树科
青冈栎	9		雪松	8	松科
白栎	3		日本五针松	2	
锥栗	1		黑松	1	
银杏	33	银杏科	蜡梅	10	蜡梅科

（续表）

植物名称	数量/棵	科名	植物名称	数量/棵	科名
南川柳	9	杨柳科	水榆花楸	2	蔷薇科
响叶杨	1		木香	1	
罗汉松	8	罗汉松科	日本柳杉	2	杉科
竹柏	1		北美红杉	1	
枫杨	7	胡桃科	紫薇	2	千屈菜科
七叶树	7	七叶树科	石榴	2	石榴科
龙柏	4	柏科	无患子	2	无患子科
圆柏	2		乌桕	1	大戟科
木荷	2	山茶科	大叶冬青	1	冬青科
美人茶	1		胡颓子	1	胡颓子科
浙江红山茶	1		浙江柿	1	柿树科
楸树	4	紫葳科	梧桐	1	梧桐科

8.1.2.2 树龄结构

通过树龄统计（表 8.3），西湖风景名胜区的古树树龄偏低，有 507 棵古树的树龄在 100～199 年，占总数的 63.69%；树龄在 200～299 年的古树占比也较大；没有树龄在 900～999 年的古树；树龄在 1 000 年以上的古树较少，只有 7 棵，占 0.88%。

表 8.3　西湖风景名胜区古树名木树龄结构

树龄/年	数量/棵	占比
100～199	507	63.69%
200～299	114	14.32%
300～399	73	9.17%
400～499	26	3.27%

（续表）

树龄/年	数量/棵	占比
500～599	31	3.89%
600～699	13	1.63%
700～799	14	1.76%
800～899	11	1.38%
900～999	—	—
≥1 000	7	0.88%

8.1.2.3 树高、胸径、冠幅结构

西湖风景名胜区 6 个主要树种的古树名木生长情况见表 8.4。从古树名木的生长高度分析，最高的是钱江管理处云栖双碑亭旁的枫香，高 44.2 米。树高 30 米以上的有 41 棵，占总数的 7.3%；21～30 米的有 102 棵，占总数的 18.1%；11～20 米的有 250 棵，占总数的 44.3%；10 米以下的有 21 棵，占总数的 3.7%。从古树名木的生长胸径分析，胸径最大的是钱江管理处五云山大殿前的银杏，为 324.04 厘米。胸径 201～300 厘米的有 6 棵，占总数的 1.1%；101～200 厘米的有 156 棵，占总数的 27.7%；100 厘米以下的有 401 棵，占总数的 71.1%。从古树名木的冠幅大小分析，冠幅最大的是岳庙管理处黄龙洞紫云洞大门外坡下的樟树，为 35.1 米。冠幅 21～30 米的有 144 棵，占总数的 25.5%；11～20 米的有 361 棵，占总数的 64%；10 米以下的有 57 棵，占总数的 10.1%。

通过树高结构统计，西湖风景名胜区古树名木树高集中在 11～30 米合并区段，共 665 棵，占总数的 83.54%；树高小于 10 米的较少，只占总数的 10.68%，这也与西湖风景名胜区古树名木的树种组成特性相符，多为乔木，灌木的占比较低（表 8.5）。

表 8.4　西湖风景名胜区主要树种古树名木生长情况分析

树种	数量/棵	树高/米						胸径/厘米						冠幅/米					
		平均	最高	＞30	21～30	11～20	≤10	平均	最大	＞300	201～300	101～200	≤100	平均	最大	＞30	21～30	11～20	≤10
樟树	355	19.3	35.3	5	150	196	4	96.8	269.61	—	5	122	228	17.4	35.1	2	101	229	23
枫香	76	28.2	44.2	32	37	6	1	96.1	254.65	—	1	14	61	18.6	29.95	—	33	40	3
珊瑚朴	46	23	36	2	33	10	1	79.7	120.96	—	—	5	41	16.5	26	—	8	37	1
银杏	33	21.2	35.2	1	19	13	—	86.7	324.04	1	—	6	26	12.8	21	—	2	25	6
苦槠	32	18.4	30.2	1	13	17	1	83	146.42	—	—	9	23	13	19.85	—	—	23	9
木樨	22	9.1	18.7	—	—	8	14	44.5	85.94	—	—	—	22	8	14.8	—	—	7	15
合计	564	—	—	41	102	250	21	—	—	1	6	156	401	—	—	2	144	361	57

表 8.5　西湖风景名胜区古树名木树高结构

树高/米	数量/棵	比例
≤10	85	10.68%
11～20	337	42.34%
21～30	328	41.21%
>30	46	5.78%

通过胸径结构统计，西湖风景名胜区古树名木胸径集中在 100 厘米以下的有 611 棵，占总数的 76.76%；胸径超过 200 厘米的仅 7 棵，说明西湖风景名胜区古树名木中缺乏大径级树木（表 8.6）。

表 8.6　西湖风景名胜区古树名木胸径结构

胸径/厘米	数量/棵	比例
≤100	611	76.76%
101～200	178	22.36%
201～300	6	0.75%
>300	1	0.13%

8.1.2.4　生长势

从 2017 年西湖风景名胜区古树名木普查数据来看，区域内大部分古树生长情况正常，有 585 棵，占总数的 73.49%；生长衰弱的有 188 棵，占总数的 23.62%；生长濒危的有 23 棵，占总数的 2.89%（表 8.7）。

表 8.7　西湖风景名胜区古树名木生长势统计

生长势	数量/棵	比例
濒危株	23	2.89%
衰弱株	188	23.62%
正常株	585	73.49%

8.1.2.5　生长环境及影响因素

从西湖风景名胜区古树名木生长环境来看，大部分古树名木的生长环境良好，有 749 棵，占总数的 94.1%；有 24 棵古树名木生长在较差环境中，严重阻碍了其生长，占总数的3.02%；有23棵古树名木的生长环境一般，占总数的2.89%。通过对普查数据中列出的影响古树名木生长环境的因素进行分析，可大体归纳为：古树名木周围有杂物、垃圾堆积，造成土壤板结和污染；古树名木周边有大树竞争；树体有藤本缠绕；古树名木自身长势衰弱、树体空洞或病虫害；古树名木所处地理位置较差，周围有建筑、假山、斜坡、溪沟等，导致生长空间小、水土流失；古树名木周围人流量大；等等。

表 8.8　西湖风景名胜区古树名木生长环境统计

生长环境	数量/棵	占比
差	24	3.02%
好	749	94.10%
一般	23	2.89%

8.1.3　分布特征

8.1.3.1　空间分布

西湖风景名胜区绝大部分古树名木呈单株孤立、星散分布。由图 8.1 可

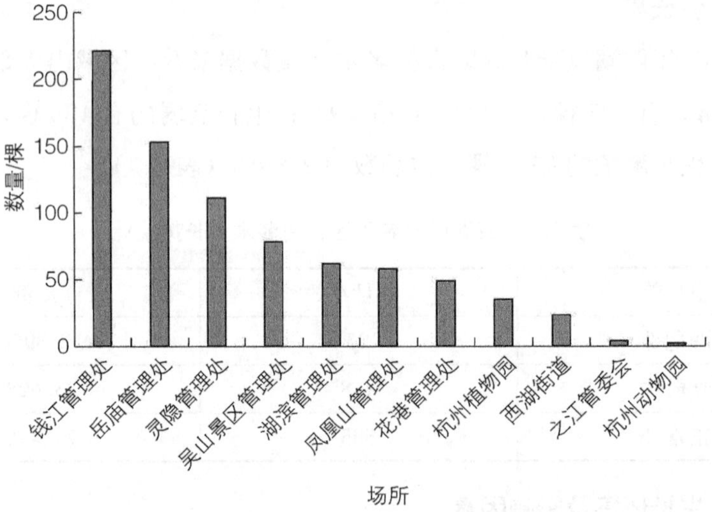

图 8.1　西湖风景名胜区古树名木区域分布

知，就古树名木数量的分布区域而言，以钱江管理处最多，其次是岳庙管理处，再次是灵隐管理处。通过观察西湖风景名胜区古树名木空间分布图（图8.2）可以看出，古树名木多与宗教场所密切相关，较多分布于较少受到人类活动影响的地区，如灵隐、天竺、吴山以及孤山一带。

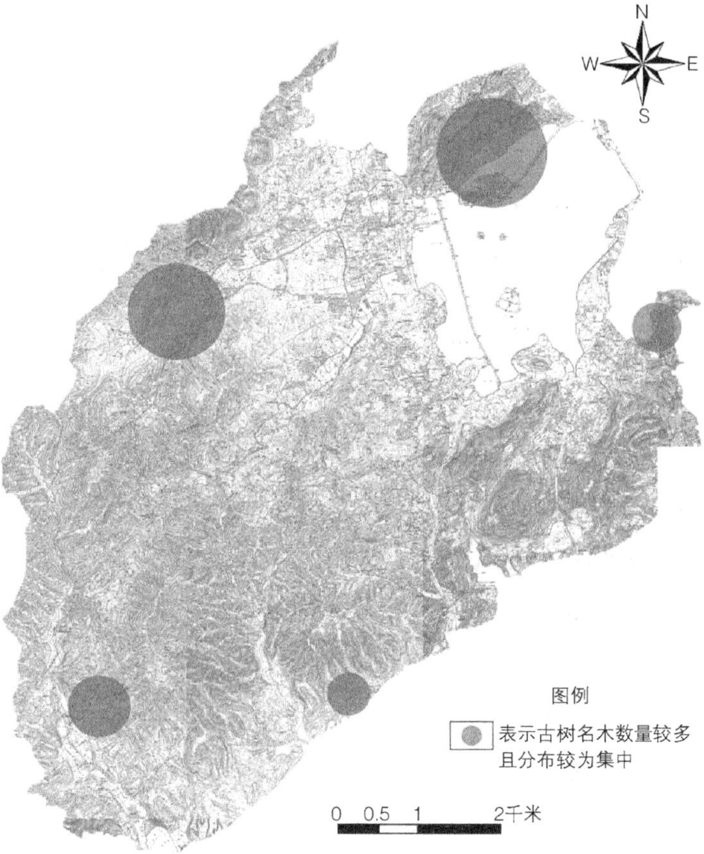

图 8.2 西湖风景名胜区古树名木空间分布

8.1.3.2 生境分布

西湖风景名胜区古树名木主要分布在公园景区（包括名胜古迹、植物园、博物馆等）、林地、道路、村镇、学校、企事业单位、宗教场所以及其他（商业区、停车场等）共8类场所（图8.3）。从古树名木生境分析，公园景区分布最多，其次为林地，再次是道路，村镇分布最少。分析其原因是公园养护管理较好，且在西湖风景名胜区内所占面积较大，古树名木的数量较多；位于林地的古树名木由于开发强度小，较少受到人为干扰，较多保存良好（图 8.3）。

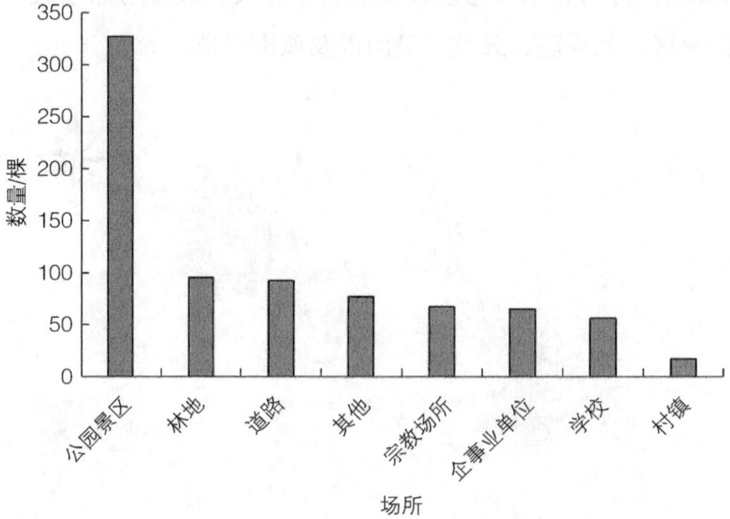

图 8.3　西湖风景名胜区古树名木生境分布

8.1.3.3　与历史建筑的关系

从西湖风景名胜区古树名木周边是否有历史建筑的角度来看，一部分古树名木与历史建筑共生，有 285 棵，占总数的 35.8%（表 8.9）。这些历史建筑中，北山路建筑群、浙江大学之江校区为近代建筑，且周围古树数量较多；除此之外，大部分为古代历史建筑和遗址。

表 8.9　西湖风景名胜区古树名木周边历史建筑统计

古树名木周边是否有历史建筑		数量/棵	占比
否		511	64.2%
是		285	35.8%
其中	北山路建筑群	21	2.6%
	杭州城隍阁	19	2.4%
	法相寺	13	1.6%
	法云古村	3	0.4%

（续表）

古树名木周边是否有历史建筑		数量/棵	占比
其中	凤凰山老玉皇宫	10	1.3%
	葛岭抱朴道院	3	0.4%
	杭州钱王祠	2	0.3%
	蒋庄	5	0.6%
	净慈寺	20	2.5%
	静逸别墅	3	0.4%
	灵隐寺	21	2.6%
	刘庄	10	1.3%
	六和塔	10	1.3%
	伍公庙	5	0.6%
	孤山敬一书院	1	0.1%
	孤山文澜阁	5	0.6%
	西泠印社	7	0.9%
	孤山俞楼	5	0.6%
	法净寺	4	0.5%
	法镜寺	1	0.1%
	法喜寺	4	0.5%
	杭州郭庄	2	0.3%
	岳庙	10	1.3%
	原之江学堂（浙江大学之江校区）	50	6.3%
	清行宫遗址（中山公园）	13	1.6%
	西湖天下景	4	0.5%
	孤山范公亭	5	0.6%
	孤山放鹤亭	6	0.8%
	云栖双碑亭	23	2.9%

8.2 西湖风景名胜区古树名木保护存在的问题

8.2.1 生存空间危机与文化传承的关系

8.2.1.1 生存空间危机

1. 古树生存空间狭小

在城市化进程中，因为经济利益的驱使，一些新的建筑往往会侵占古树名木的生存空间，甚至存在随意截主枝干的现象。许多古树名木被过多、过密的建筑物包围，只能在夹缝中求生存，导致古树名木畸形生长甚至死亡。

2. 土壤板结，透气性差

在进行城市规划过程中，可能会出现古树名木的立地位置与规划路网用地重叠的现象，铺设路面所使用的水泥砖等材料会使得古树名木周围的土壤变硬，透气性和透水性变差，进而导致古树名木的生存环境恶化。而古树名木周围堆积的大量杂物和人流量大等情况也会产生类似影响。

3. 保护区难以满足实际需求

划定保护区是目前保护古树名木的主要手段之一。但划定保护区是基于现有树冠的范围，而许多古树名木的根系范围已远远超过了现有树冠，且对于一些现实生长受到抑制的树木，难以反映其真实的生长需求。

8.2.1.2 古树名木文化传承空间的丧失

1. 古树名木与历史建筑空间割裂

古树名木作为活化石，与历史建筑共生更彰显其历史感，二者融合共同形成文化传承的空间。例如西湖风景名胜区许多古树名木生长在寺庙中，人们赋予了这些古树名木某些神话特征，与寺庙共同营造良好的意境。但是如果对古树名木和历史建筑保护不当，二者之间的空间联系就会割裂，文化传承的空间就会被割裂。

2. 古树名木景观价值与人文价值传承及利用不足

在进行城市建设和城市更新的过程中，虽然有的古树名木被保留了下来，但规划师并没有将古树名木本身及其历史价值纳入规划设计的思路中，使得古树名木与周围的建筑及道路布局毫无联系，导致古树名木的存在不为人所注意，古树名木的景观和人文价值未能得到发掘和利用。

8.2.2 西湖风景名胜区古树名木保护现状

西湖风景名胜区管委会对古树名木进行了普查、登记造册和铭牌建设，定期对古树名木进行跟踪调查，采取了一些措施对古树名木实施管理和保护，如设立围栏、补洞处理、复壮、病虫害监测和防治等，但仍有少部分古树名木的生存面临危机。除了上文提到的城市建设侵占古树名木生存空间，铺地材料导致土壤板结、透水透气性差这几个方面的影响以外，这部分古树名木还存在如下问题：土壤的人为污染与践踏导致土壤酸碱度失衡；存在少量古树名木病虫害治理不善，导致树木衰弱或死亡。

另外，由于西湖风景名胜区所处地理位置比较特殊，时常遭受台风、雪灾、雷击、病虫危害等自然灾害的侵袭，增加了保护古树名木的难度，且景区人流量的增多也会在一定程度上对古树名木的生存环境造成影响。

8.2.3 保护工作中面临的问题

8.2.3.1 在养护管理上缺乏技术支撑

古树名木普遍存在病虫害多、生长老化等现象。同时，地理因素导致西湖风景名胜区易出现不良气候环境和恶性天气。目前还没有一套比较完善的涵盖古树名木抢救、病虫害防治、复壮、养护、制定应急预案等内容的技术规范。

8.2.3.2 宣传力度不强

有关部门对于古树名木的宣传不到位，公众不了解古树名木的内涵，对古树名木的保护不够重视，以致出现在树旁堆放杂物、乱扔垃圾等行为，破坏了古树名木的生长环境。

8.2.3.3 部分古树名木生长环境较差

一些古树名木周围有密集建筑、山坡和沟渠等情况，造成古树名木的生长空间不足、土壤透水透气性差、水土流失等问题，影响古树名木生长和保护工作的开展。

8.2.3.4 管护资金投入不足

西湖风景名胜区的古树名木数量多、分布范围广，部分古树名木保护的难度大，维护成本高。由于财政资金有限，一些古树名木的生长环境无法得到改善。

8.3 西湖风景名胜区古树名木开发保护对策

通过对西湖风景名胜区古树名木保护现状及存在问题的分析，总结得到了以下关于如何更好地进行古树名木保护开发的思路：首先，提升公众的保护意识，丰富公众参与形式；其次，分级分类，针对不同的树种和生境的古树制定不同的保护策略；最后，规划导则的编制与法规政策的制定双向并行，完善技术，提供法律保障。基于以上思路，本书针对西湖风景名胜区古树名木的保护开发提出了一些具体的对策。

8.3.1 增加控制区和影响区

将原有的保护区扩展至保护区、控制区以及影响区三区管控模式，对应不同级别的古树名木，将影响树木生长的因素纳入其中，形成分级、分区、分专项的管控通则，以此作为条例修订、规划执行的核心内容。

8.3.2 完善电子信息库，开发动态信息监控管理系统

开发完善记录西湖风景名胜区古树名木信息的App，并增加地图和定位功能，使公众不仅能线上查询古树名木的信息，还能在游玩过程中实地探索和深入了解古树名木，丰富趣味性，提高认知度。

通过开发更加先进的古树名木动态监管系统，更加高效及时地掌握古树名木的生长情况，如开发基于物联网的古树名木监控管理系统，实现古树名木信息的智能存储、生存环境温湿度的实时监控，以及古树名木被非法移植的实时报警。

8.3.3 公众参与的常态化行动

可以举办一些可持续的、可推广的常态化行动，让公众能够参与进来，增加

对古树名木的了解，提升保护意识，如开展古树名木摄影大赛、古树名木认养活动。

8.3.4 增加保护经费，完善责任制度

进一步加大西湖风景名胜区古树名木保护专项经费的支持力度。同时，保护古树名木也是一项公益事业，多渠道筹措古树名木保护资金。整合管护力量，落实古树名木保护责任追究制度，制定各部门关于古树名木保护的绩效考核目标，督促各部门加强属地范围内古树名木的管理和监测力度，及时开展保护及复壮工作。

8.3.5 重视古树名木后备资源的培育

古树名木是不可再生的，在注重古树名木保护的同时，还应加强对后备资源的培育。有意识地培育一些珍稀的、有纪念意义的、树龄较大的大树，实现古树名木资源的可持续发展。

8.3.6 开辟古树名木研学游路线

在公园景区，可开发古树名木主题观光旅游线路，建立生动的解说系统，向游客介绍古树名木的生长习性、园林用途等，增加游客对古树名木的认知度；在历史古迹类场所开展历史文化之旅，结合石碑、说明牌、宣传栏等形式，让游客体验古树名木的文化之美；在宗教场所，可以结合宗教文化，开展宗教旅游，在介绍宗教文化的同时加入对古树名木文化的描写；在科研基地如杭州植物园，可开发科普教育旅游产品，如建立古树名木博物馆；在街道、居住区，可以树冠茂密的古树名木为中心，开发小型休憩区。

8.3.7 设计满足古树名木生存和文化延续的空间

提高公众对古树名木价值的认识和欣赏能力将成为保护历史和传递历史最好的策略。在进行城市建设和更新时，将保护古树名木放在第一位，拆除影响古树名木生长的建筑，结合具体古树名木位置来进行路网和建筑的规划布局。将古树名木设计为重点景观节点，并结合古树名木历史文化背景设置景观小品和配景，使其景观价值和文化价值最大化，达到广泛传播、提高认知的效果。

第 9 章

西湖风景名胜区古树名木景观评价

9.1 研究背景及意义

9.1.1 研究背景

古树名木因其深厚的历史沉淀和独特的生长境况，为城市创造了很高的价值。古树名木除了普通树木具有的绿化、美化等功能之外，还具有记录城市发展变迁、提升周围环境场所等诸多价值。

然而，古树名木的价值并没有真正得到政府与公众的重视，对其保护也多止于立铭牌而已。本书通过对西湖风景名胜区古树名木资源的调查、整理和分析，对其进行景观评价，目的是使古树名木得到进一步保护与利用，发挥其景观价值，从而为构建生态文明的美丽城市做出贡献。

9.1.2 研究意义

城镇化的快速发展在为城市创造巨大机会的同时也带来了巨大的挑战，包括栖息地的减少、森林覆盖率的降低、历史文化遗产保护的冲击等，古树名木在一定程度上也受到其影响。虽然人们能够将古树名木与历史、文化、社会联系在一起，但对其认识并不透彻，因此保护力度也不够。我们只有通过将古树名木的景观价值量化，并与其自身利益相结合，才能使公众从根本上了解古树名木，使古树名木得到全面的、大力的保护。

通过查阅文献发现，学者们以往对于古树名木的研究，大多关注于对其调查的数据进行粗浅的描述，没有运用相应的方法对其景观价值进行量化表达。本研究是在已经公开的研究区古树名木相关信息与数据采集的基础上，进行进一步的实地调研，尝试运用一些技术方法对目前西湖风景名胜区古树名木的景观价值进行客观评价，以此为西湖风景名胜区探索一种既能保护古树名木，又能充分发挥其景观生命力的开发利用方案。

9.1.3 相关概念

9.1.3.1 古树名木

早在1963年，我国就对古树名木的认定标准进行了界定，要求同时满足以下四个条件：一是在国内或全世界稀有；二是历史悠久；三是树形奇特，有历史典故记载；四是具有特殊含义或纪念意义。

9.1.3.2 景观评价

Edmund Burke认为景观评价就是景观视觉评价，并从哲学的角度对其进行探索，对人们的感官、想象力和判断过程及其与艺术愉悦的关系进行了详尽的描述。

表9.1是汤晓敏（2007）总结的关于景观评价的主要学派，并通过三个角度比较了各个学派的差异。目前，学术界使用最广泛的是心理物理学派。

表9.1 景观视觉评价各学派特点

比较的角度	专家学派	心理物理学派	认知学派	经验学派
对风景价值的认识	风景的价值在于其形式美或生态学意义	风景的价值在于其是在主客观双方共同作用下而产生的	风景的价值在于其对人的生存、进化的意义	风景的价值在于其对人（个体或群体）的历史背景的反映
评价中人的地位	风景作为独立于人的客体而存在，人只是风景的欣赏者	把人的普遍审美观作为风景价值的衡量标准	从人的生存、需要出发解释风景	主动强调人（个体或群体）对风景的作用
对风景客观属性的把握	从“形态、线条、色彩、质感”等形式美要素分析风景	从“地形、地貌、植被、水体、土地利用”等物质要素分析风景	用“复杂性、神秘性”等维量把握风景	（整体）把风景作为个人或群体的一部分来把握

通过文献梳理发现，学术界常见的景观评价方法及模型理论有：模糊综合评判法（冯敏敏）、投影寻踪模型（胡欣欣等）、神经网络评价法、经济学满意度理论、层次分析法、美景度评判法、韦伯-费希纳定律等。

9.2 古树名木景观评价研究现状

目前学术界对古树名木景观的概念还没有公认的界定。徐炜认为，古树名木的景观美学价值包含在旅游价值之中，旅游价值是一种具社会性、无形性的产品价值。董冬等人认为，古树名木景观价值是基于视觉效果、环境特点以及资源性等角度体现出来的景观审美效果，表现为在古树名木的美学功能、生态功能和资源功能上所给予个人的主观满足。刘为力认为，古树景观美学特征主要体现在古树的形态、线形、色彩和质感方面，具有较高的美学价值、文化价值、旅游价值和社会公益价值。

国内外关于景观评价的方法有很多。2005 年，Jim，C. Y. 提出了公式法。2006 年，Jim，C. Y. 在公式法的基础上引入估价，将其和古树名木的评判结合在一起，称为程式专家法。这两种评价方法综合考虑了古树名木相对全面的属性因子，是比较科学的评价方法，对于园林绿化有着重要的指导意义。1976 年，Daniel 和 Boster 提出了美景度评价法（Scenic Beauty Estimation，SBE 法）。SBE 法作为一种客观有效的方法，在评估森林和荒地的美景，以及在预测土地用途的美学价值方面都显示了其作用。此方法的扩展和修改为景观设计、规划和管理提供了有价值的依据。

9.3 研究对象及方法

9.3.1 研究对象

杭州属于亚热带季风性气候，四季分明，雨水充沛，因西湖而闻名于世界。西湖风景名胜区坐落于杭州市区的西面，湖面四周青山环绕，形成了山水相映的独特景观。除了不计其数的景点之外，古树名木也是西湖风景名胜区重要的景观资源（图 9.1）。本书从获悉的西湖风景名胜区 796 棵古树名木中，挑选重要景点内的 91 棵单体和 20 个群落作为主要评价研究对象。

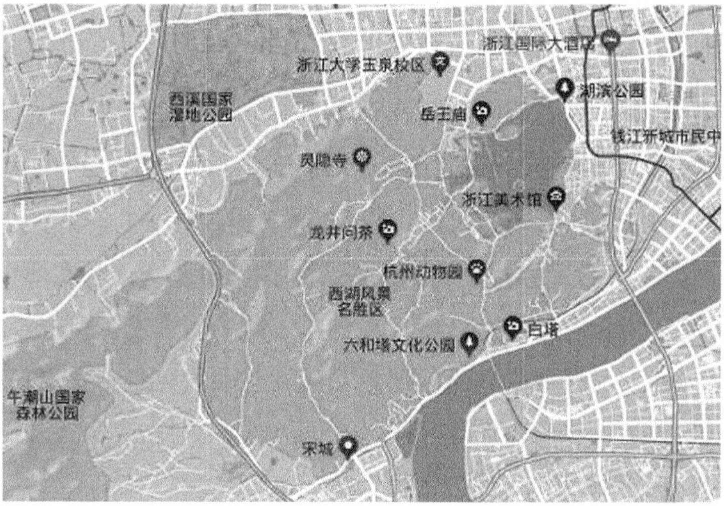

图 9.1　西湖风景名胜区部分景点

9.3.2　技术路线

本书古树名木调查及景观评价技术路线如图 9.2 所示。

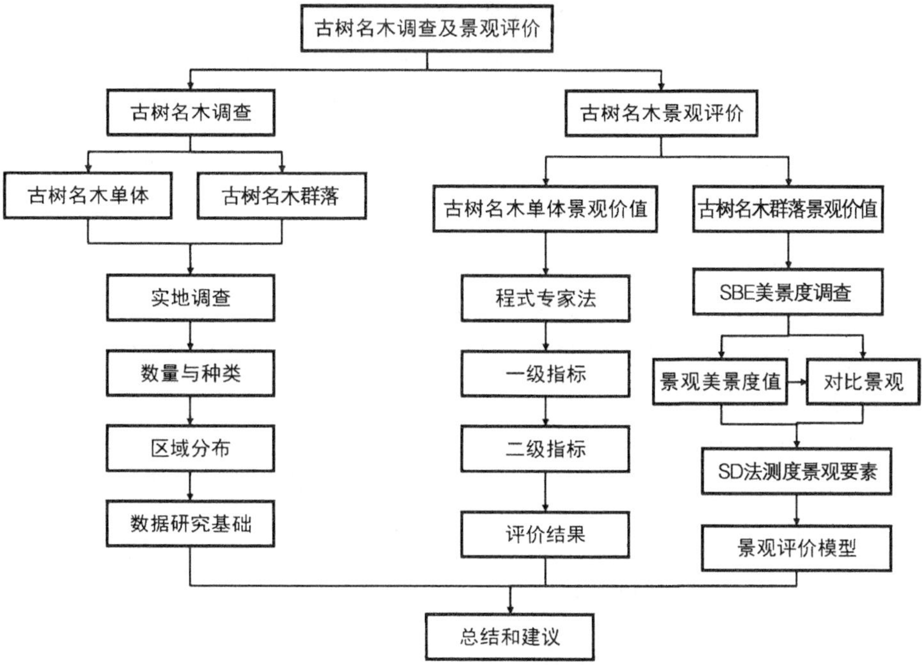

图 9.2　技术路线

9.3.3 研究方法

9.3.3.1 数据获得

笔者搜集了西湖风景名胜区古树名木信息情况和普查资料，并进行了整理归类，于2018年11月至12月选取了西湖的主要景点进行补充调研，最后对西湖沿线91棵古树名木进行了现场评价，记录了每棵树木的长势、生长环境等方面的信息。与此同时，选出相对具有代表性的、景观价值较好的20个古树名木群落样地，统计每个群落的棵数，测算其平均树龄，并用尼康5300相机记录了树木的生长状况和景观全景。

9.3.3.2 古树名木单株景观评价方法

Jim, C. Y. 提出了景观评价的程式专家法后，孙超等人将程式专家法作了进一步的修正和完善。修正后的程式专家法选取了6个一级标准指标详细地评价单棵树木。6个一级标准指标包括树木的内在属性以及相关的树与场地、树与人类的交互作用，即树种、树木的生境、树木的生长状况、树木的尺度、树木的场所和树木的显著特点。该评价体系考虑了内部与外部各个因素对古树名木生长的影响，评价方法更客观，且尽可能地将研究结果偏差降到最低。

本书通过对西湖风景名胜区古树名木实际情况的调查与探究，对程式专家法进行了一定的修正。表9.2至表9.6展示的是通过5个一级标准指标对20个古树名木群落样地进行的研究评价过程。

1. 树种分值

表9.2 树种分级指标

评价的二级标准	分值				
	1	2	3	4	5
树种的起源	外来和栽培	外来和自然生长	—	乡土和栽培	乡土和自然生长
树种稀有度	常见	较常见	居中	较稀有	稀有
树种特征	树形： 差（0） 好（1）	叶： 普通（0） 特别（1）	花： 不显著（0） 显著（1）	果： 不显著（0） 显著（1）	季节变化： 不明显（0） 明显（1）

原始树种分值 RSS ＝树种的起源分值＋树种稀有度分值＋树种特征分值（最大值为15）。

转换树种分值 $TSS = 100RSS/15$(最大值为 100)。

2. 树木的生境分值

表 9.3 树木的生境分级指标

评价的二级标准	分值				
	1	2	3	4	5
主干状况	严重倾斜、扭曲、空洞	比较严重倾斜、扭曲、空洞	有一定严重倾斜、扭曲、空洞	很少严重倾斜、扭曲、空洞	基本没有严重倾斜、扭曲、空洞
树皮状况	破损表皮或者死皮≥40%	破损表皮或者死皮≥30%，<40%	破损表皮或者死皮≥20%，<30%	破损表皮或者死皮≥10%，<20%	破损表皮或者死皮<10%
分枝状况	分枝断裂、损毁程度≥80%	分枝断裂、损毁程度≥60%，<80%	分枝断裂、损毁程度≥40%，<60%	分枝断裂、损毁程度≥20%，<40%	分枝断裂、损毁程度<20%
树冠饱满度	20%及以下	21%～40%	41%～60%	61%～80%	81%及以上
为附生植物和攀缘植物提供生境状况	没有附生植物和攀缘植物	附生植物和攀缘植物长势不好	附生植物和攀缘植物长势一般	附生植物和攀缘植物长势较好	附生植物和攀缘植物长势很好

原始树木的生境分值 $RTS =$ 主干状况分值 + 树皮状况分值 + 分枝状况分值 + 树冠饱满度分值 + 为附生植物和攀缘植物提供生境状况分值(最高值为 25)。

转换树木的生境分值 $TTS = 100RTS/25$(最高值为 100)。

3. 树木的生长状况分值

表 9.4 树木的生长状况分级指标

评价的二级标准	分值				
	1	2	3	4	5
树干状况	长势很差，有裂缝、树瘤	长势较差，有较多裂缝、树瘤	长势一般，有一定量裂缝、树瘤	长势较好，有少量裂缝、树瘤	长势好，基本没有裂缝、树瘤
树枝状况	有很多断裂、枯死的树枝	有较多断裂、枯死的树枝	有一定量断裂、枯死的树枝	有较少断裂、枯死的树枝	基本没有断裂、枯死的树枝
树叶状况	稀疏	较少	一般茂盛	较茂盛	茂盛、生长力强
病虫害状况	严重	较严重	一般	少量	基本没有，十分健康

原始树木的生长状况分值 RCS = 树干状况分值 + 树枝状况分值 + 树叶状况分值 + 病虫害状况分值(最高值为 20)。

转换树木的生长状况分值 $TCS = 100RCS/20$(最高值为 100)。

4. 树木的尺度分值

表 9.5 树木的尺度分级指标

评价的二级标准	分值				
	1	2	3	4	5
树高/米	<10	≥10，<13	≥13，<16	≥16，<19	≥19
冠幅/米	<2	≥2，<3	≥3，<5	≥5，<8	≥8
胸径/厘米	<30	≥30，<60	≥60，<90	≥90，<120	≥120

原始树木的尺度分值 RDS = 树高分值 + 冠幅分值 + 胸径分值(最高值为 15)。

转换树木的尺度分值 $TDS = 100RDS/15$(最高值为 100)。

5. 树木的场所分值

表 9.6 树木的场所分级指标

评价的二级标准	分值				
	1	2	3	4	5
树木对于场所的景观价值	与一般树木没有区别	景观的一部分，但对景观贡献很少	景观的一部分，但对景观贡献一般	形成比较好的景观	醒目美观
树木与周围设施的适合度	视觉上与周围设施不合适，联系度很低	视觉上与周围设施不合适，有一些功能上的联系	视觉上与周围设施的合适度一般，只有功能上的联系	与周围设施比较合适	与周围设施很合适
树木周围是否有其他树木	太多，杂乱	很多，但仔细辨别可以看出古树	有一些，但不多，可以辨别古树	很少，比较容易辨别古树	没有，古树名木很明显
树木对于场所的生态环境功能价值	很低	低	一般	高	很高

原始树木的场所分值 RLS = 树木对于场所的景观价值分值 + 树木与周围

设施的适合度分值＋树木周围是否有其他树木分值＋树木对于场所的生态环境功能价值分值（最大值为 20）。

转换树木的场所分值 $TLS=100RLS/20$（最高值为 100）。

6. 树木的显著特点分值

以上五项指标总和还不够全面，需要加入树木的独特性和稀有性以及历史文化价值等指标，这个标准共包括了 6 个显著特点，分别是：与历史典故相关，属于二级以上树种，独特的树木形态，特殊的生长环境，树种稀缺，花果有观赏价值。每个特点的分值为 0 或 5 分，有为 5 分，无则为 0 分。

原始树木的显著特点分值 ROS = 以上 6 个显著特点的总分（最高值为 30）。

转换树木的显著特点分值 $TOS=100ROS/30$（最高值为 100）。

7. 景观评价总分值

原始总分值 $RAS=(RSS+RTS+RCS+RDS+RLS+ROS)\times 100/125$

转换总分值 $TAS=(TSS+TTS+TCS+TDS+TLS+TOS)/6$

9.3.3.3 古树名木群落景观评价方法

本书从公众的角度对古树名木群落形成的景观进行评价，分为以下三个步骤。

(1) 将西湖风景名胜区的古树名木群落分为四类，测定公众的视觉反应，获得每个样地的 SBE 平均值。

(2) 采用 SD 法对古树名木群落景观进行景观要素细化，并对各景观要素进行量化。

(3) 采用 SPSS 中的多元线性回归分析构建 SBE 值和 SD 值之间的数学模型。

1. 基于 SBE 法的景观美景度测定

(1) 评判过程

在 2018 年 11 至 12 月选择天气晴朗、光线充足的情况下对西湖风景名胜区内 20 个古树名木群落样本进行拍摄，拍摄时间为 8:30—16:30。相机采用同一台尼康 5300，保持相同的拍摄姿势和拍摄高度。笔者从各个角度拍摄每个样地照片 10 张，共计 200 张。拍摄完成后进行筛选，从每个样地中选出一张最能代表该样地特征的照片，并对这 20 张照片编排序号。

观察样地与周围场所形成的环境，将其分为四种类型：若古树名木生长在道路旁，称为古树名木与道路景观，记为 A 类；若古树名木生长在寺庙内或靠近寺庙，称为古树名木与寺庙景观，记为 B 类；若古树名木生长在庭院内或靠近庭院，称为古树名木与庭院景观，记为 C 类；若古树名木生长在树林中，称为古树名木与林地景观，记为 D 类。经统计分类研究的 20 处古树名木群落中，有古树名木与道路景观 4 处，古树名木与寺庙景观 7 处，古树名木与庭院景观 5 处，古树名木与林地景观 4 处。

尽管现场评价的结果是最客观可靠的，但不具备现实性。本研究只能通过现场拍摄照片进行编号，运用 PPT 展示效果，进行室内评判：

①将拍摄的 20 张照片制作成 PPT，并标上页码代表其序号；②在评价开始前向评判者解释评价的方法和过程，但不涉及与评价结果相关的内容；③在正式评判前，快速播放幻灯片，让评判者对所有样地照片有一个初步感觉，以便减小正式评判结果的误差；④采用 5 分制的打分原则，从负 2 分至正 2 分，分值越高，代表该样地的景观视觉越好。

已有研究表明，景观专家、专业的学生和非专业人士对景观效果的反应结果并无差异。因此本次评判者共 30 人，分别是：专业学生组 20 人，为浙江工商大学设计学院景观专业和旅游与城乡规划学院城乡规划专业学生；非专业学生组 10 人，为浙江工商大学非景观和城乡规划专业学生。

（2）数据处理

笔者进行数据处理时，需要将现场拍摄的照片作为景观评价的媒介。

计算方式：随机选择一张照片，记为 n，将其作为对照组，令 $SBE_n=0$，其他景观的 SBE 值为 $SBE_i=(\overline{Z_i}-\overline{Z_n})\times 100$。如果 SBE 的值大于 0，说明景观效果比对照组好；如果 SBE 的值小于 0，说明景观效果比对照组差。

2. 基于 SD 法的景观要素量化

SD 法是测定被调查者对给定的对象属性因子作出的心理反应结果的方法，该方法广泛适用于植物景观评价研究。SD 法的评价对象与 SBE 法的评价样本相同，即它们是两个不同群体的评判者对同一处景观作出的反应。表 9.7 展示了用于景观要素量化的 10 大景观属性。

表 9.7　景观要素量化的景观属性

序号	景观要素	SD 评价尺度
1	树木形态（E_1）	奇特—普通
2	树形观赏度（E_2）	好—差
3	树冠饱满度（E_3）	饱满—稀疏
4	层次感（E_4）	层次分明—层次模糊
5	林下植被覆盖度（E_5）	高—低
6	色彩丰富度（E_6）	丰富—单调
7	视线开阔度（E_7）	开阔—狭窄
8	植物季相性（E_8）	观赏价值高—观赏价值低
9	长势（E_9）	好—差
10	光感（E_{10}）	明亮—昏暗

笔者选取浙江工商大学设计学院景观专业和旅游与城乡规划学院城乡规划专业 20 名大四本科生作为评判者，要求其未参与过 SBE 评价过程。同时，对表 9.7 中的 10 个属性因子构建反义形容词对，每一属性分为 5 段，让评判者对测试对象的 10 个属性进行打分。

笔者运用 PPT 播放 20 张古树名木群落的照片，每张播放 2 分钟。在给定的时间内，评判者对上述 10 个属性作出反应，并将反应结果的平均值和标准差作为最终评定的尺度。

3. 古树名木景观评价模型的建立

笔者将以上评价过程获得的评价结果导入 SPSS，以 SBE 值作为因变量，SD 值作为自变量，运用多元线性回归分析法构建多元线性回归模型。

9.4 结果与分析

9.4.1 古树名木调查数据分析

西湖风景名胜区涵盖湖滨管理处等 11 个管理区。本次调查古树名木 796 棵，古树名木群落 20 处（群落样地详见附录 3，其中净寺内有 4 处），如图 9.3 所示。

图 9.3　20 个样地分布

（1）本次调查对象为西湖风景名胜区的主要旅游线路及各个管理区的古树名木资源。

（2）查看调查资料获悉，西湖风景名胜区现有 66 个古树名木种类。树种主要有浙江楠、糙叶树、枫香、槐树、苦槠、木樨、朴树、七叶树、青冈栎、珊瑚朴、银杏、樟树、黄连木、麻栎、三角槭、罗汉松、南川柳、广玉兰、常春油麻藤、无患子、雪松、蜡梅、龙爪槐、水榆花楸等。

（3）西湖风景名胜区的主要旅游线路及各个管理区分布的 796 棵古树名木中，以樟树、枫香、苦槠、银杏、楸树、七叶树等树种为主，分别集中在云栖、灵隐寺、孤山、岳庙、梅家坞等地，说明西湖风景名胜区的古树名木队伍庞大，资源丰富。

9.4.1.1 古树名木单体调查结果

在统计到的796棵古树名木中，三级保护古树占77.64%，树龄300～499年的二级保护古树占12.44%，树龄500年以上的一级保护古树占9.55%。树龄1 000年以上的古树共有7棵，主要分布于云栖和原法相寺，树种为枫香和樟树。

9.4.1.2 古树名木群落调查结果

笔者本次共调查了20个古树名木群落，涉及西湖风景名胜区6大区域，记录了每一个群落的棵数、面积、平均树高等信息，见表9.8。调查涉及的古树名木群落超过半数为纯樟树群落，群落的平均树龄多数不超过300年。

表9.8 西湖风景名胜区古树名木群落资源概况

序号	区域	建群树种	伴生树种	面积/平方米	古树名木数量/棵	平均树高/米	平均胸径/厘米	平均树龄/年
1	湖滨管理处	樟树	广玉兰	172	8	17	75	202
2	湖滨管理处	樟树		50	4	20	80	140
3	岳庙管理处	珊瑚朴		80	3	23	95	213
4	岳庙管理处	樟树	樟树、木香	40	4	18	82	160
5	岳庙管理处	紫藤		300	8	9	41	193
6	岳庙管理处	樟树		100	4	16	76	182
7	岳庙管理处	樟树		300	7	18	72	122
8	岳庙管理处	樟树	青冈栎、糙叶树、枫香、苦槠	2 000	5	20	109	372
9	杭州植物园	樟树		300	6	17	92	138
10	杭州植物园	蜡梅	银杏	350	7	5	111	100
11	杭州植物园	樟树		90	3	19	77	139
12	灵隐管理处	银杏		150	4	175	59	526
13	灵隐管理处	珊瑚朴	日本五针松、羽毛枫	200	3	23	95	200
14	花港管理处	黑松		50	3	4	33	100

（续表）

序号	区域	建群树种	伴生树种	面积/平方米	古树名木数量/棵	平均树高/米	平均胸径/厘米	平均树龄/年
15	花港管理处	龙柏	广玉兰	100	4	14	65	100
16	花港管理处	樟树	朴树	500	4	19	90	170
17	凤凰山管理处	樟树		200	4	18	81	110
18	凤凰山管理处	樟树		400	4	18	86	148
19	凤凰山管理处	樟树	枫香、黄连木	70	3	18	74	160
20	凤凰山管理处	木樨		50	3	10	49	110

9.4.2 古树名木单体景观评价结果

不同树种程式转换总评分统计如图 9.4 所示。

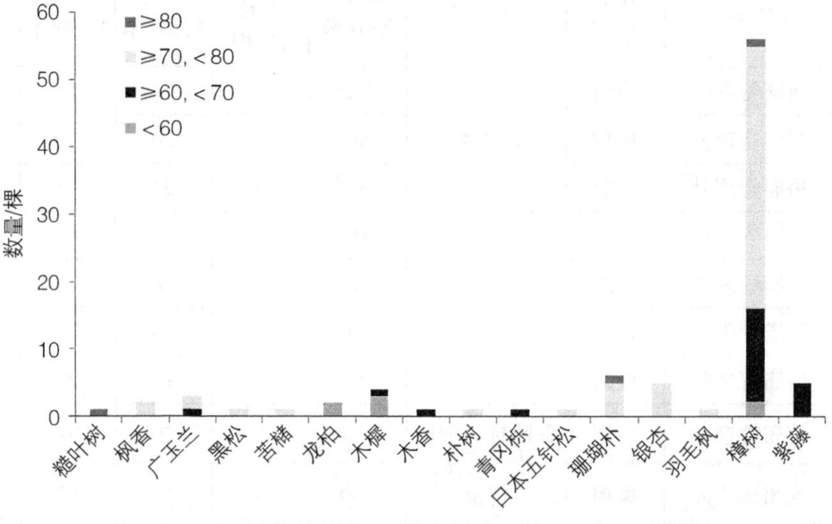

图 9.4 不同树种程式转换总评分统计

运用程式专家法对重要景点内 91 棵古树名木单体进行测评后，得到评价结果，具体数据见附录 2。结果表明：有 7 棵低于 60 分，占 7.7%；有 23 棵为 60～70 分（不含 70 分），占 25.3%；有 58 棵为 70～80 分（不含 80 分），占

63.7%；80 分以上有 3 棵，占 3.3%。从评分可以看出，公众对于西湖风景名胜区古树名木的景观认可度较高，同时表明了景区内古树名木的景观利用度较好。

评价分值最高的是中天竺法净寺内东侧的珊瑚朴，转换总评分为 84 分，其良好的长势营造了浓厚的佛教氛围（图 9.5）。该棵珊瑚朴胸径 121 厘米，树高 25.3 米，历来受各代寺内僧侣的保护，秋天树叶夹杂着金黄色和绿色，与寺庙结合，形成了极佳的视觉效果。评价分值最低的是秋水山庄东停车场的一棵樟树，转换总评分仅为 55.67 分（图 9.6）。值得一提的是，位于原法相寺旁（现六通宾馆），有一棵树龄超过 1000 年的唐樟，是杭州地区树龄最高的樟树（图 9.7）。该树向东南倾斜，分 2 枝，南枝枯死，东枝顶梢枯干，中部枝仍存活。

图 9.5　中天竺法净寺内珊瑚朴

图 9.6　秋水山庄内古樟

图 9.7　原法相寺内唐樟

9.4.3 古树名木群落景观评价结果

9.4.3.1 SBE值分析

1. 各群落景观的SBE值

表9.9展示的是20个古树名木群落样地的SBE值。从表中看出，美景度值最高的是15号样地，SBE值为51.26，该样地位于牡丹亭前，具有植物季相性变化明显、色彩变化丰富、植物长势良好、树木形态圆润丰满、林下植被覆盖率高等特征。美景度值排名第二的是6号样地，该样地位于岳王庙前，SBE值为42.18，与岳王庙相衬具有较强的人文景观气息。美景度值排名第三的是13号样地，该样地的主要树种为香樟和紫藤，树木长势旺盛，与草坡构成很好的群落景观。美景度值最低的是4号样地，SBE值为－15.64，该样地类型为古树与道路景观，树种为樟树，树木形态普通，间距稀疏，色彩变化少，季相变化特征不明显，林下植被覆盖率低。

表9.9 各群落景观美景度值

样地	SBE值	景观类型	样地	SBE值	景观类型
1	0	C	11	－11.97	C
2	18.67	A	12	－10.88	C
3	38.7	C	13	40.13	B
4	－15.64	A	14	－3.4	D
5	5.23	A	15	51.26	C
6	42.18	B	16	9.27	C
7	36.08	D	17	12.8	D
8	29.16	D	18	16.14	B
9	16.54	A	19	－8.32	C
10	37.61	B	20	－13.94	B

2. 不同景观类型SBE值分析

表9.10展示的是20个古树名木群落样地不同景观类型SEB值分析。从表中看出，古树名木与寺庙的景观价值平均水平最高，其次为古树名木与林地景观、古树名木与庭院景观、古树名木与道路景观。景观价值最高的是古树名

木与寺庙景观，景观价值最低的是古树名木与道路景观。由于寺庙常年都有人流，且寺庙本身就是一处景观，与古树名木结合能够形成很好的人文与生态景观效果。

表 9.10　不同景观类型 SBE 值分析

景观类型	景观数量	SBE 值				
		最大	最小	幅度	标准差	平均
古树名木与道路景观	4	18.67	15.64	34.31	13.6	6.2
古树名木与寺庙景观	5	42.18	−13.94	56.12	21.34	24.424
古树名木与庭院景观	7	51.26	11.97	63.23	23.54	9.7228
古树名木与林地景观	4	36.08	−3.4	39.48	15.29	18.66

9.4.3.2　古树名木群落景观的 SD 值

表 9.11 展示的是 20 个古树名木群落样地景观要素量化评价值。E_1—E_{10} 分别代表树木形态、树形观赏度、树冠饱满度、层次感、林下植被覆盖度、色彩丰富度、视线开阔度、植物季相性、长势和光感。

表 9.11　基于 SD 法的景观要素量化评价值

样地	景观要素									
	E_1	E_2	E_3	E_4	E_5	E_6	E_7	E_8	E_9	E_{10}
1	0.32	0.28	0.93	−0.25	−1.36	−1.27	1.81	−1.25	1.49	0.85
2	0.45	0.57	1.72	0.64	0.62	−1.04	1.73	−0.83	1.56	1.4
3	1.12	0.61	0.67	0.89	0.91	0.57	0.87	0.79	1.21	−0.41
4	0.98	0.31	0.62	−0.46	−1.99	−1.16	1.22	−0.98	1.08	0.99
5	1.68	1.34	0.7	1.49	1.93	1.58	0.36	1.31	0.73	1.14
6	−0.23	0.19	0.87	−0.55	−1.44	−0.94	1.65	−1.04	1.15	0.78
7	0.73	0.25	1.23	−0.3	−0.94	−1.35	0.97	−1.12	1.34	0.82
8	1.01	0.94	1.19	−0.14	0.2	−1.31	0.83	−1.27	1.57	−0.26
9	1.26	1.1	0.43	0.71	1.33	0.48	0.62	0.43	0.92	0.63
10	−0.56	0.44	0.55	0.42	0.86	0.63	0.67	0.69	0.37	0.75
11	0.82	1.04	0.39	0.39	0.67	−0.99	1.21	0.63	1.14	0.64

（续表）

样地	景观要素									
	E_1	E_2	E_3	E_4	E_5	E_6	E_7	E_8	E_9	E_{10}
12	0.3	0.75	−0.17	−0.66	−1.18	0.81	1.38	1.08	1.35	1.16
13	0.45	0.73	0.98	0.32	−0.32	0.95	1.44	1.17	1.46	1.25
14	1.79	1.53	−1.66	0.48	0.47	−1.39	1.29	−0.26	1.27	1.21
15	1.52	1.77	1.7	1.58	1.41	0.89	0.79	1.32	1.59	1.38
16	−0.12	0.13	1.54	0.91	0.51	0.76	0.47	0.46	0.82	0.92
17	1.09	1.2	1.12	0.27	−0.35	−1.12	1.38	−0.85	1.16	0.47
18	0.5	0.61	1.32	0.14	−1.09	−1.19	1.45	−0.93	1.28	0.43
19	−0.38	0.3	1.4	0.33	0.15	−1.32	0.24	−1.31	0.71	−0.19
20	−0.69	0.14	1.21	−0.45	−1.98	−1.53	0.56	−1.39	0.53	0.13
平均值	0.602	0.712	0.837	0.288	−0.08	−0.397	1.047	−0.168	1.168	0.704 5
标准差	0.695 34	0.463 82	0.720 05	0.608 61	1.108 25	1.008 37	0.449 05	0.970 77	0.337 13	0.511 9

由上表可以看出，景观要素中得分平均值较低的是 E_5、E_6、E_8，景观要素中得分平均值较高的是 E_3、E_7、E_9。这表明，西湖风景名胜区的古树名木群落具有树冠饱满度高、视线开阔且生长状况好等特点。但是景观要素中的色彩丰富度较低、季相变化较差。这是因为，西湖风景名胜区的古树名木生长状况良好，冠幅大，遮荫效果好，林下光照差，使得攀缘、附生植物难以长期生存。而樟树在古树名木中数量较多，占总数近一半，樟树一年四季常绿，几乎无色彩变化。

9.4.3.3 构建景观评价模型

笔者将 SBE 值和 SD 值导入 SPSS，通过 backward 向后剔除法，最终只保留显著自变量，使总体模型的 F 值最大化，建立显著变量构成的多元线性回归模型。

若不剔除不显著的变量，得到的结果为

$SBE = -15.31 - 5.02E_1 + 36.56E_2 + 14.94E_3 - 39.52E_4 + 15.03E_5 + 10.79E_6 - 7.09E_7 - 0.83E_8 + 9.63E_9 + 10.63E_{10}$。

拟合的指标为：调整 $R^2 = 0.708$，$F = 5.615$。

下面采用多元线性回归分析，采用向后剔除变量法剔除不显著的变量，在经过 4 次的变量剔除后得到的拟合结果为

$SBE = -13.229 + 34.037E_2 + 17.467E_3 - 42.386E_4 + 16.348E_5 + 10.793E_6 + 9.459E_{10}$。

拟合的指标为：调整 $R^2 = 0.783$，$F = 12.440$。

最终得到古树名木景观评价模型为

$SBE = -13.229 + 34.037E_2 + 17.467E_3 - 42.386E_4 + 16.348E_5 + 10.793E_6 + 9.459E_{10}$。

从得到的模型可以看出，景观评价与古树名木群落的景观效果与层次感、树形观赏度、树冠饱满度、色彩丰富度等关系密切。

模型回归系数分析见表 9.12。

表 9.12　模型回归系数分析

	非标准化系数			标准系数		
	景观系数	*B*	标准误差	试用版	*t*	Sig.
模型	（常量）	−13.229	7.337	—	−1.803	0.095
	E_2	34.037	7.144	0.770	4.764	0.000
	E_3	17.467	3.844	0.613	4.544	0.001
	E_4	−42.386	9.757	−1.258	−4.344	0.001
	E_5	16.348	5.140	0.884	3.180	0.007
	E_6	10.793	2.918	0.531	3.699	0.003
	E_{10}	9.459	4.975	0.236	1.901	0.080

注：*B*——非标准化回归系数；*t*——使用单样本 T（T-test）检验的 T 值；Sig.——显著性，小于 0.05 说明自变量对因变量具有显著影响。

9.5 总结与展望

9.5.1 总结

本章通过调研获悉西湖风景名胜区的古树名木相关信息，进一步分析其景观价值。

笔者采用了修正后的程式专家法，从六个方面对风景名胜区重要景点内的91棵古树单体进行了景观评价。结果显示：公众对于西湖风景名胜区古树名木单体景观的认可度较高，同时表明了西湖风景名胜区内古树名木的景观保护度较好，景观价值较高。从古树名木单体角度考虑，应该对西湖风景名胜区现存濒危、衰弱的古树名木进行长期监测，以防止古树名木数量的缩减。除了设立铭牌之外，还可在古树名木旁建立护栏、亭台等景观小品，进一步加强其视觉效果。同时，相应管理部门要对树龄较小的树木稍加保护，以便不断地为古树名木的队伍注入新鲜的血液。

运用SBE法对西湖风景名胜区内20个古树名木群落所形成的景观进行美景度评价，得出影响古树名木景观的主要因素为：层次感、树形观赏度、树冠饱满度、色彩丰富度。西湖风景名胜区范围广大，景点众多，可以利用古树名木的资源，将各景点串联成一条历史人文景观旅游线路，形成一条体现时代变迁的“时空隧道”，这必将为提高古树名木的利用价值和提升西湖风景名胜区的旅游吸引力作出贡献。

9.5.2 展望

由于本研究处于初步尝试阶段，且由于一些现实原因，无法对西湖风景名胜区的古树名木逐一进行现场调研，只能挑选旅游沿线景点内一些具有代表性的节点，因此得出的结论可能存在一定偏差。由于时间的限制，本研究的调查集中在12月份前后，因此观察到的只是西湖风景名胜区古树名木冬季的生长状况，不能跟踪其季节性的变化，导致得到的结论不够全面。

程式专家法、SBE法、SD法在评判的过程中都是公众基于自身的审美态度和偏好作出的反应，不能避免由于主观判断带来的结果偏差。而本研究的样本数量和测评对象基数都不大，这也是欠缺之处。

因为很多树种的季相性变化较大，色彩丰富度、树冠饱满度和视野开阔性都有可能产生质的区别，研究者需要对同一样地反复进行观察和记录，综合评价一年内的平均水平。在今后的研究中，学者们可不断完善评价体系，使评价方法尽可能客观、全面。

第 10 章

西湖风景名胜区三台山茶文化休闲村商业品质提升

10.1 研究背景、目的及意义

10.1.1 研究背景

随着旅游业不断发展，文化休闲村也开始成为各大城市旅游业的重要组成部分。因此，文化休闲村的建设也逐渐受到政府与经营者的关注和重视。作为一个城市的文化品牌，同时也是特色商业的重要载体，文化休闲村对城市的发展建设具有重要的推动作用。而目前我国关于文化休闲村商业品质提升的研究深度尚显不足，基于顾客满意度的文化休闲村落研究也少有人涉及。

G20 峰会的举办进一步带动了杭州旅游业的发展，西湖一直都是杭州旅游业的一张“金名片”。为了给西湖风景名胜区的建设提升提供参考意见，本章以西湖风景名胜区三台山茶文化休闲村为研究对象，探寻影响消费者消费体验的重要因素，通过构建顾客满意度指数模型，探讨提升文化休闲村商业品质的对策。

10.1.2 研究目的

以往的学者大多从规划学、建筑学、环境学等方面的理论出发研究文化休闲村落。为了从顾客满意度的角度提升文化休闲村的商品和服务质量，本章将基于顾客满意度视角构建顾客满意度指数模型，进而对文化休闲村的游客需求进行分析，找出文化休闲村现存的问题，为文化休闲村的商业发展提供指导意见。最后，针对现存的不足，提出提升文化休闲村商业品质的策略，使政府和相关管理人员通过调查的结果认识到文化休闲村在服务方面存在的问题，从而更好地进行决策，达到提高顾客满意度的效果。

10.1.3 研究意义

10.1.3.1 理论意义

目前，顾客满意度在制造业、服务业以及金融业方面的应用是国内外学者的研究重点，而以特色文化休闲村为研究对象的相关研究相对较少。本章基于顾客满意度理论，构建文化休闲村顾客满意度指数模型，将抽象的概念具体化，并对调查数据进行实证分析，拓展了顾客满意度的研究范围和应用领域。同时，结合数理统计法分析满意度结果，对研究提升文化休闲村的商业品质大有裨益，这是对文化休闲村旅游开发的新尝试。

10.1.3.2 实际意义

文化休闲村因其文化底蕴和商业活力越来越受到各界的关注，游客对文化休闲村的要求也在不断改变。本章深入研究顾客满意度的测评模型，并充分了解游客在文化休闲村的消费喜好，为提升旅游地文化休闲村商业空间品质提供指导性意见。同时也为解决文化休闲村的业态分布落后、文化氛围不浓厚、经济收益下降等问题提供了依据。满意度指数模型的构建，有助于分析文化休闲村的顾客满意度，以满足游客体验化、休闲化、娱乐化、社交化等多方面的消费需求，对促进文化休闲村商业的可持续发展具有重要意义。

10.2 国内外顾客满意度研究

10.2.1 顾客满意度理论研究

10.2.1.1 国外顾客满意度理论

国外学者经过多年的理论研究，逐渐形成了顾客满意度的重要理论基础和主流观点，见表10.1。顾客在购买产品或享受服务前会根据以往的经验、宣传内容等形成对产品或服务的期望，在购买后感知产品或服务的真实绩效，最终将其与事先期望进行比较。当感知绩效与事先期望相符时，顾客会感到心理平衡；当感知绩效低于事先期望时，顾客会感到失望、不满意；当感知绩效高于事先期望时，顾客就会感到满意。

表 10.1　国外顾客满意度研究

时间	学者	主要内容
1965 年	Cardozo	顾客在消费前的期望会影响到他们对产品的评价和真实感受，并认为顾客满意会产生重复购买意愿
1972 年	Olshavsky，Miller	顾客对产品的事先预期和产品的最终绩效会对其感知绩效评价产生影响
1980 年	Oliver	顾客满意是顾客在购物或享受服务后的一种情绪化感受，反映了产品或服务满足顾客需求的程度
1983 年	Labarbera，Mazurky	顾客满意度对顾客重复购买意愿有着极大的影响，二者的相关性随着顾客忠诚度的增加而减少
1988 年	Wilton，Tse	顾客满意度是顾客在消费前后将产品的期望质量与感知质量对比后，对于存在的差异进行的评价
1993 年	Zeithaml	满意度是一种态度，是顾客将购买预期与产品效果比较后的互动评价，是顾客事前期望与实际感知比较的差异
2006 年	Kotler	顾客满意是消费者期望的服务效果与实际接受的服务效果比较之后形成的感觉状态

10.2.1.2　国内顾客满意度理论

国内的顾客满意度研究始于 20 世纪 90 年代，相对国外来说起步较晚。1995 年，清华大学赵平首次在国内的相关研究中提及顾客满意度，并对此进行了深入探讨和研究，分析其具体内涵和内在机制。赵平认为顾客满意度对企业的发展至关重要，提高顾客满意度能相应地提高该企业在市场中的竞争力和声誉度。黄亮在总结了大量国外文献的基础上，对顾客满意度做出了本质的理解，认为顾客满意度是顾客在购买产品前和购买后的一种态度差异。何大义在深入研究 SCSB 和 ACSI 模型的基础上，提出了构建符合中国国情的顾客满意度指数模型的基本设想，并给出了满意度指数的计算方法。张新安和田澎从理论上阐述了顾客满意和顾客忠诚的本质内涵及其相互关系，并用实证研究验证了二者的相关性。随着对顾客满意度认识的逐渐深入和丰富，涉及顾客满意度的相关研究及其应用也在多个行业及领域内得以推广，但主要还是集中在服务业、制造业、金融业等领域。

10.2.2 顾客满意度测评模型研究

20 世纪末，国外关于顾客满意度的研究开始思考如何加强满意度的应用，并进入了实证研究和构建指数模型阶段。自 1980 年以来，对顾客满意度的关注点不再满足于定性的分析研究，而是更着力于对其进行实证探索。1989 年，Fornell 首次提出顾客满意度指数模型（ACSI），该模型是由原因变量和结果变量组成的。原因变量和结果变量称为潜在变量，而用来解释潜在变量的变量称为观测变量。此后其他包括中国在内的各个国家根据本国的特殊国情，构建了不同的顾客满意度指数模型。下面将介绍一些典型模型。

10.2.2.1 SCSB 模型

瑞典是最早创建顾客满意度指数模型的国家。1989 年，瑞典构建了 SCSB 模型（图 10.1）。该模型涵盖的行业、领域及数据非常全面。整体模型由感知价值和预期质量两个前因变量，顾客抱怨和顾客忠诚两个结果变量，以及顾客满意度这一目标变量组成。

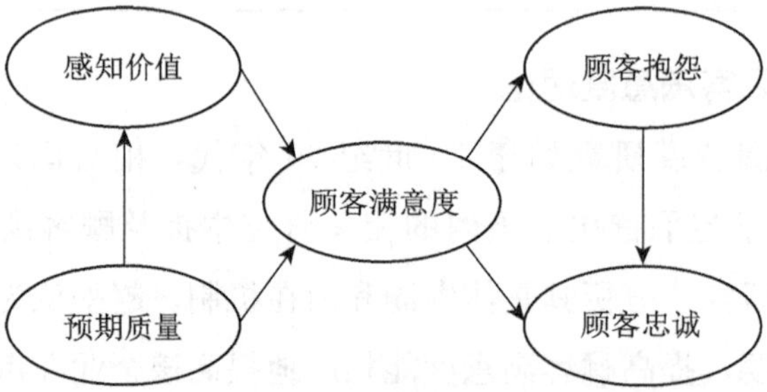

图 10.1 瑞典的顾客满意度指数模型

10.2.2.2 ACSI 模型

在 SCSB 模型提出之后，美国学者 Fornell 等人提出了 ACSI 模型（图 10.2）。二者相比，ACSI 模型在前因变量中增加了感知质量，与感知价值区分开来。该模型的三个前因变量，即预期质量、感知质量、感知价值，对顾客满意度的高低起决定作用，两个结果变量包括顾客抱怨和顾客忠诚。感知质量的具体评估研究对象侧重质量方面的指标，感知价值则更侧重成本方面的指标。在进行调查时，该模型需要结合具体的调查目的来设计各级指标体系。

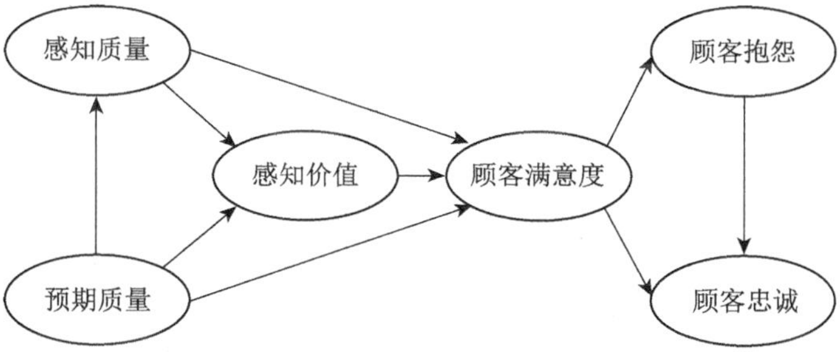

图 10.2　美国的顾客满意度指数模型

10.2.2.3 ECSI 模型

欧洲的顾客满意度指数模型，即 ECSI 模型（图 10.3），保留了 ACSI 模型

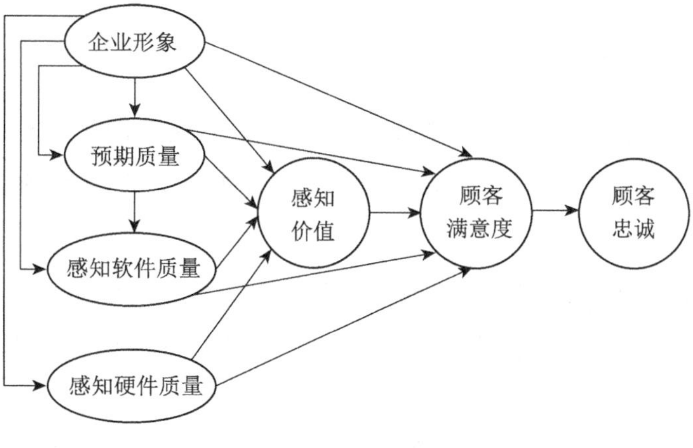

图 10.3　欧洲的顾客满意度指数模型

中的三个前因变量，以及顾客满意度和顾客忠诚等变量。在此基础上，增加了企业形象这一变量，删除了结果变量中的顾客抱怨，并将感知质量分为软件和硬件两方面。

10.2.2.4 CCSI 模型

我国于 1997 年开始构建顾客满意度指数模型，即 CCSI 模型（图 10.4）。CCSI 模型是以 ECSI 模型和 ACSI 模型为原型，比较二者利弊，同时结合我国国情和发展特征，考虑了规范性与灵活性的要求后，构建了包括 7 个结构变量的测评模型。其相关成果已成功地应用于各个行业的企业决策以及政府工作中。

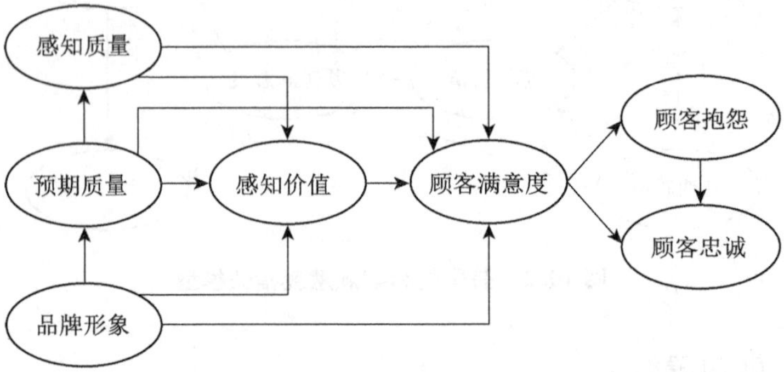

图 10.4　我国的顾客满意度指数模型

10.2.3　顾客满意度测评方法研究

顾客满意度测评中需要从众多影响顾客满意度的因子中选择相关性最高的因子作为关键指标。对此，国内外学者提出了多种切实可行的测评方法。

差距法是将顾客预期与顾客购买产品或服务后的感知绩效进行比较，二者之间差距最大的就是关键因素。线性回归分析法能有效地处理变量之间的相互关系，通过因子分析和聚类分析将影响顾客满意度的多个变量进行迭代和回归分析，最终得到总体顾客满意度。主成分分析法是利用降维的思想，分析得到“主成分”，再利用“主成分”确定因子权重，用以判断影响顾客满意度的关键因素。层次分析法是将影响顾客满意度的相关因素分解成不同层次，再进行定性和定量分析。交叉分析法也是确定权重的常用方法。此外，学者们还应运用灰色理论和模糊综合评价方法对顾客满意度进行定量评价。然而，差距法由于没有考虑到不同变量之间相互影响的情况，从而不经常使用。以上每种方法都有其自身的优点，因此实际测评通常需要多种方法的组合应用。

10.2.4 研究述评

通过梳理和总结国内外顾客满意度研究的相关文献，发现其研究大致经历了内涵理解、影响因素判断、定量分析、顾客满意度模型构建四个过程。诚然，顾客满意度研究在概念解读、测评方法、模型构建以及实际应用等方面取得了一些初步成果，但同时还存在以下一些问题：

（1）从研究对象的角度看，顾客满意度研究的视野较窄，主要侧重制造业、服务业等领域。其在旅游业的应用仅侧重于微观尺度，大多应用于饭店、旅游景区、商场等场所。

（2）从研究内容的角度看，在顾客满意度的形成机制方面，虽然学者们从不同层面探讨了包括顾客期望、感知质量、感知价值在内的多种因素与顾客满意度的关系，但多数研究都是从单一的角度分析各自的影响，忽略了各变量间存在的相互关系，对影响顾客满意度的主导因素尚不清晰，此方面的系统研究有待加强。

（3）从研究方法的角度看，纵观国外顾客满意度的研究现状，将定性和定量相结合的研究方法已成为学术界的共识。在构建结构方程模型的基础上探讨各前因变量因素和结果变量因素之间的相互关系，以及各个变量之间的影响程度，是顾客满意度的主流研究模式。而反观国内，由于部分顾客满意度研究深度较浅，还停留在定性分析层面，研究方法普遍比较简单，有待进一步拓展和深入。

结合上述分析，本章研究的创新之处就在于将顾客满意度研究应用到文化休闲村，不再将重点集中在对文化休闲村自身的保护与整治，转而研究游客行为。在研究方法上，本书结合 ACSI 模型对文化休闲村进行研究，调整了原有模型中的部分指标，构建了适用于文化休闲村的顾客满意度指数模型，拓展了顾客满意度的已有研究。

10.3 研究对象、方法及框架

10.3.1 研究对象

随着旅游业的发展，各类文化休闲村开始出现在具有浓郁区域特色或旅游业发达的城市。这些文化休闲村或建于有历史遗迹的地段，或建于文化艺术聚集区，或依托于有文化底蕴的建筑，并以其独特的魅力吸引着游客，为他们提供了一个休闲化、娱乐化、体验化的场所。这些文化休闲村一般规模不大，但却秉持自身文化特色，比现代商业更具有吸引力，也更能展现城市的文化风貌。因此，文化休闲村已逐渐成为我国城市建设和形象提升的重要组成部分。近年来，以休闲消费为特色，体现城市文化和品味，集多种业态于一体的开放式文化休闲村，更如雨后春笋般出现在全国的大小城市。

本章以西湖风景名胜区三台山茶文化休闲村为研究对象，研究重点为村内的文化休闲街，研究范围如图 10.5 所示。该文化休闲村处于三台山风景区，位于杨公堤末端，东临花港观鱼公园，西靠五老峰，北接空军疗养院，南至虎跑路。该文化休闲村南北两侧功能各不相同，北侧靠近杨公堤，沿路分布着浴鹄湾、问樵处、掖风亭等著名旅游景点；南侧主要为商店和居所，有本地居民提供餐饮、住宿、购物等服务，除此之外还有诊所和学校等配套基础设施。三台山茶文化休闲村以茶文化为主要特色，有茶叶店和茶楼等特色商业，总体环境幽静，与三台山形影相依，建筑仿古，在人工与自然结合的植物配置中营造出独特的景观特征，如图 10.6—图 10.11 所示。

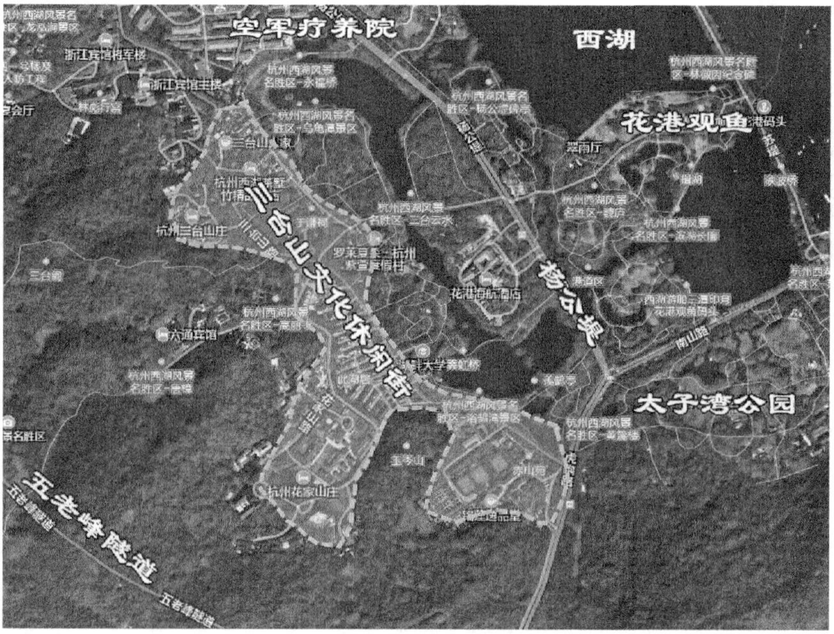

图 10.5　研究范围

图 10.6　村巷空间

图 10.7　餐饮

图 10.8　茶楼

图 10.9　民宿

图 10.10　民居

图 10.11　村落绿化

10.3.2　研究方法

10.3.2.1　文献研究法

在中国知网、万方数据库、Science Direct、EBSCO 全文数据库等网站进行检索，搜集、查阅并梳理与顾客满意度、ACSI 模型研究、顾客满意度测评方法以及满意度在不同领域应用的相关文献，形成对顾客满意度的科学认知，掌握国内外研究成果与研究动态。

10.3.2.2　问卷调查法

结合三台山茶文化休闲村的特色和现状，明确调查重点，并基于 ACSI 模型，构建文化休闲村测评指标体系。根据各项指标设计“三台山茶文化休闲村顾客满意度调查问卷”，调查游客在该文化休闲村的消费习惯以及消费感受，同时进行实地调研及问卷的发放与回收，充分了解村落的发展情况。

10.3.2.3　数理统计法

基于 ACSI 模型，结合三台山茶文化休闲村的实际情况，将原有模型中六个抽象的结构变量展开，具体到服务质量、业态组成、景观环境、文化氛围等因素，进而构建文化休闲村顾客满意度指数模型。根据模型的分级指标，利用 SPSS 软件对调查问卷收集到的实际数据进行统计分析，得到满意度的计算结果。

10.3.3　研究框架

研究框架如图 10.12 所示。

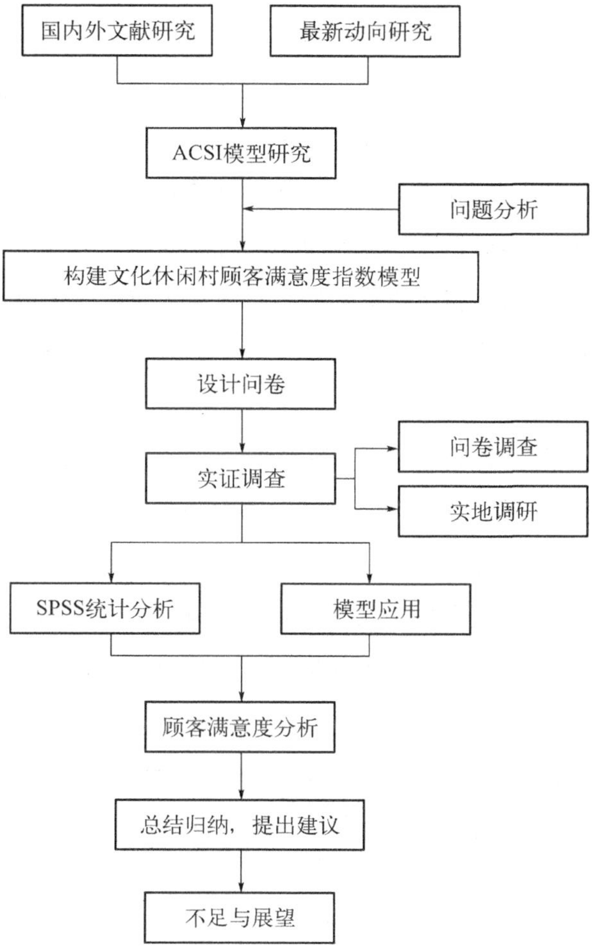

图 10.12　研究框架

10.4　文化休闲村商业休闲顾客满意度模型构建

10.4.1　测评指标体系的构建

10.4.1.1　文化休闲村顾客满意度模型的基础——ACSI 模型

本研究的文化休闲村顾客满意度模型的构建是以 ACSI 模型为基础的。该模型是在宏观和微观上测量顾客对产品和服务的满意度，以此来解释各影响因素的实际绩效，是一个以顾客满意为中心构建的经济模型。ACSI 模型包含 6 个结构变量，其中，顾客满意度是目标变量，预期质量、感知质量、感知价值是原因变量，而顾客抱怨和顾客忠诚是结果变量。模型中 6 个结构变量的选取以顾客行为理论为基础，每个结构变量又包括一个或多个观测变量，而观测变量则转变为具体问题，通过实地调查、收集数据得到。

下面对 6 个结构变量的作用和含义进行简要说明。

(1) 预期质量是指顾客在购买某产品或服务之前对此次消费结果的预先判断，包括对产品的总体预期，对产品满足顾客需求程度的预期，对产品质量可靠性的预期。

(2) 感知质量是指顾客在购买产品或享受服务后，对其质量的真实感受，包括对产品质量的总体评价，对产品满足顾客需求程度的评价，对产品质量可靠性的评价。

(3) 感知价值是指顾客在购买产品或享受服务后，相对于所支付的费用，对其实际效益的评价，包括给定价格时顾客对质量的评价，给定质量时顾客对价格的评价。

(4) 顾客满意度是指顾客对此次消费的最终满意程度，包括顾客的总体满意程度，顾客的实际感受与预期的差距，顾客的实际感受与理想产品的差距。

(5) 顾客忠诚是指顾客对某产品或服务感到满意，于是产生了再次购买或者向他人宣传推荐的意愿，包括顾客再次购买的意愿和对价格变动的接受程度。

(6) 顾客抱怨是指顾客得到的产品或服务没有达到他的预期，因此对产品或服务产生了不满、抱怨，包含顾客的正式或非正式抱怨。

10.4.1.2 建立测量模型的指标体系

将 ACSI 测评指标体系分为四级：一级指标为文化休闲村顾客满意度总的测量目标；二级指标由 ACSI 模型包含的 6 个潜在变量构成；三级指标由二级指标展开得到，具体要根据文化休闲村的产品和服务特点来确定；四级指标是对三级指标的具体描述，即体现在调查问卷上的问题。指标体系见表 10.2。

表 10.2　文化休闲村顾客满意度模型指标体系

潜在变量	观测指标	测量指标
预期质量	顾客对产品的总体预期 E_1	来之前的总体期望值
	对产品满足顾客需求程度的预期 E_2	来之前认为村落对顾客消费需求的满足程度
	对产品质量可靠性的预期 E_3	对村落的特色商品可靠性的期望程度
感知质量	业态功能 Q_1	购物、娱乐、餐饮、住宿等
	空间布局 Q_2	整体空间布局的合理性
	商业购物 Q_3	商品价格合理性、商品品种和品牌多样性
	传统文化 Q_4	村落传统文化展示
	商业氛围 Q_5	商业文化氛围
	休闲景观 Q_6	绿化、景观小品
	环境卫生 Q_7	卫生情况、垃圾处理
	服务设施 Q_8	卫生间、安全设施、休闲设施、市政配套设施
	解说标识 Q_9	宣传资料、路牌指示
感知价值	基于给定的商品价格时顾客对质量的评价 V_1	基于产品的价格，对产品质量是否满意
	基于给定的商品质量时顾客对价格的评价 V_2	基于产品的质量，对产品价格是否满意
顾客满意度	顾客的总体满意程度 S_1	对村落的总体满意程度
	与理想的村落相比顾客的满意程度 S_2	与理想的村落相比，顾客对该村落的满意程度
	与期望的村落相比顾客的满意程度 S_3	是否达到顾客的期望
顾客忠诚	重游意愿 L_1	如果有机会，顾客旧地重游的意愿
	正面宣传 L_2	顾客为村落宣传推荐的意愿
顾客抱怨	负面宣传 C_1	宣传自己不愉快经历的可能性
	部门投诉 C_2	投诉该村落的可能性

10.4.2　测评指标体系的量化

顾客满意度本身是个抽象的概念，需要通过顾客的具体感受体现出来，是一个定性的过程。为了能定量地计算出顾客满意度，就要对测量指标进行量化，将文字转化为用数字来反映顾客对测评对象的满意程度，使顾客的态度和偏好更客观地表达出来。这种方法就是李克特量表法，即用5级不同的态度将顾客对文化休闲村的环境、服务等方面的评价进行量化，如“很不满意、不满意、一般、满意、很满意”，相应赋值为1—5，然后通过SPSS和Excel软件分析数据、计算结果。

10.4.3 ACSI模型的计算公式

ACSI模型中顾客满意度指数的一般计算公式为

$$ACSI=\frac{E[\xi]-\min[\xi]}{\max[\xi]-\min[\xi]}\times 100 \tag{4-1}$$

其中，

$$E[\xi]=\sum_{i=1}^{k}W_i\bar{X}_i \tag{4-2}$$

$$\min[\xi]=\sum_{i=1}^{k}W_i\min[X_i] \tag{4-3}$$

$$\max[\xi]=\sum_{i=1}^{k}W_i\max[X_i] \tag{4-4}$$

式中，$ACSI$ 为顾客满意度指数；ξ 为所有的潜在变量；X_i 为顾客满意度对第 i 项变量的评分；W_i 为第 i 项变量的权重；k 为变量总个数；$E[\ ]$ 为变量的期望值；min[ ] 为变量中的最小值；max[ ] 为变量中的最大值。在实际计算中，各满意度指数一般都采用调查问卷中的最大值代替各变量的最大值，采用调查问卷中的最小值代替各变量的最小值。

本章的调查研究采用5级量表来表示满意度，因此，$\min[\xi]=1$，$\max[\xi]=5$。最终的ACSI模型的计算公式可简化为

$$ACSI=\frac{\sum_{i=1}^{k}W_i\bar{X}_i-\sum_{i=1}^{k}W_i}{4\sum_{i=1}^{k}W_i} \tag{4-5}$$

10.5 三台山茶文化休闲村顾客满意度分析

10.5.1 调查问卷设计

调查问卷由两个部分组成：第一部分是受访者的基本信息和出游情况，包括客源地、性别、年龄、婚姻状况、学历、收入、在村落的消费、游览计划等；第二部分是顾客满意度调查表，需要受访者根据实际情况和个人感受，对三台山茶文化休闲村的各方面做出满意度评价，满意度分值为1—5，包括预期质量、感知质量、感知价值、顾客满意度、顾客忠诚和顾客抱怨这六个潜在变量展开的相关问题。

10.5.2 样本构成统计

本次调查在3月份开展，调查问卷通过网络和实地发放，实地发放地为三台山茶文化休闲村，调查对象为三台山茶文化休闲村的游客以及去过该村的游客。共发放问卷171份，其中，网络问卷21份，网络有效问卷21份；实地问卷150份，实地有效问卷145份，有效问卷合计166份，有效率97.1%。

受访游客中，一半以上来自杭州本地，占55.42%；男女比例约为4∶6；年龄段以18—35岁的中青年为主；最高学历以大专和本科为主；学生占22.89%，机构/公司职员占18.68%，专业/文教技术人员占15.66%，离退休人员占12.65%；在该村单次消费50元以下的占21.69%，单次消费50～100元的占34.94%，单次消费101～200元的占20.48%，单次消费200元以上的占22.89%。大部分游客是特地来此游玩的，只有小部分是参观完本地其他景点，时间有余顺道而来。问卷的样本构成信息见表10.3。

表10.3 样本信息

变量	选项	人数	占比
客源地	杭州本地	92	55.42%
	外来游客	74	44.58%

（续表）

变量	选项	人数	占比
性别	男	67	40.36%
	女	99	59.64%
年龄段	18岁以下	7	4.22%
	18—25岁	43	25.91%
	26—35岁	35	21.08%
	36—45岁	30	18.07%
	46—60岁	29	17.47%
	60岁以上	22	13.25%
婚姻状况	已婚	88	53.01%
	未婚	78	46.99%
学历	初中及以下	11	6.63%
	高中/中专	32	19.28%
	大专	39	23.49%
	本科	62	37.35%
	硕士及以上	22	13.25%
职业	工人	3	1.81%
	学生	38	22.89%
	公务员	13	7.83%
	私营企业主	17	10.24%
	离退休人员	21	12.65%
	军人	0	0.00%
	专业/文教技术人员	26	15.66%
	企事业管理人员	16	9.64%
	农民	1	0.60%
	机构/公司职员	31	18.68%

（续表）

变量	选项	人数	占比
收入	1 000 元以下	10	6.02%
	1 000～3 000 元	21	12.65%
	3 001～5 000 元	53	31.93%
	5 001～10 000 元	47	28.31%
	10 000 元以上	35	21.09%
单次消费金额	50 元以下	36	21.69%
	50～100 元	58	34.94%
	101～200 元	34	20.48%
	200 元以上	38	22.89%
游览计划	特地而来	76	45.78%
	偶然路过	52	31.33%
	参观完本地其他景点，时间有余顺道而来	38	22.89%

10.5.3 描述性统计分析

笔者将问卷调查数据录入 SPSS21.0 软件进行描述性分析，得到相关数据的各描述统计量，包括极大值、极小值、均值等数据，见表 10.4。

表 10.4 描述统计量

观测指标	N	极小值	极大值	均值	标准差
E_1	166	3	5	4.09	0.729
E_2	166	3	5	4.06	0.667
E_3	166	3	5	4.10	0.653
Q_1	166	1	5	3.84	0.833
Q_2	166	2	5	3.78	0.756
Q_3	166	2	5	3.82	0.781
Q_4	166	2	5	3.86	0.746

（续表）

观测指标	N	极小值	极大值	均值	标准差
Q_5	166	2	5	3.96	0.793
Q_6	166	2	5	4.19	0.775
Q_7	166	2	5	4.29	0.714
Q_8	166	2	5	3.96	0.576
Q_9	166	1	5	4.29	0.755
V_1	166	2	5	4.13	0.726
V_2	166	2	5	4.11	0.742
S_1	166	2	5	3.77	0.582
S_2	166	2	5	3.73	0.597
S_3	166	2	5	3.72	0.638
L_1	166	2	5	3.61	0.900
L_2	166	2	5	3.58	0.903
C_1	166	2	4	2.87	0.653
C_2	166	2	4	2.61	0.600
有效的 N（列表状态）	166	—	—	—	—

从表 10.4 可以看出，预期质量的均值较高，在 4.0 以上，说明游客对村落有较高的期望。在感知质量的指标中，游客对环境卫生和解说标识的满意度最高，均值都为 4.29；游客对休闲景观（包括绿化、景观小品等）的满意度较高，均值为 4.19；游客对商业氛围和服务设施的满意度相对稍低，但总体较满意，均值都为 3.96；而游客对业态功能（包括购物、娱乐、餐饮、住宿等）、空间布局（整体空间布局的合理性）、商业购物（包括商品价格合理性、商品品种和品牌多样性）以及传统文化的满意程度较低，需要重视改善这几个方面。在感知价值的指标中，游客对商品的价格和质量的满意度较高。游客游览后负面宣传和部门投诉的均值为 2.87 和 2.61，存在抱怨的情况。总体来说游客重游意愿较低，顾客满意度也偏低。

10.5.4 信度与效度分析

10.5.4.1 信度检验

问卷的信度检验就是测量问卷数据的可靠程度，信度系数越高，问卷越可靠。本书运用 SPSS 软件中的可靠性分析来进行信度检验。以往研究一般认为，总量表的信度系数在 0.80 以上，则该问卷的信度非常好；分量表的信度系数在 0.70 以上最好，在 0.60 至 0.70 之间也是可以接受的。

本研究的问卷可靠性分析结果显示，总量表的 Cronbach's Alpha 系数为 0.803，超过 0.8，则认为该问卷的数据是可信的，见表 10.5。

表 10.5 总量表的信度分析

可靠性统计量	
Cronbach's Alpha	项数
0.803	21

分量表的检验结果见表 10.6，除了顾客抱怨的信度系数为 0.602 较低以外，其余 5 个潜在变量的信度系数都在 0.70 以上，表明分量表的可信度较高。

表 10.6 潜在变量的信度分析

可靠性统计量		
潜在变量	Cronbach's Alpha	项数
预期质量	0.701	3
感知质量	0.709	9
感知价值	0.715	2
顾客满意度	0.730	3
顾客忠诚	0.828	2
顾客抱怨	0.602	2

10.5.4.2 效度检验

效度检验结果代表了调查问卷能够准确测出所需测量事物的程度。本研究采取 KMO 和 Bartlett 球形检验方法对观测变量进行检验。一般认为 KMO 值大于 0.7，Bartlett 球形检验的 P 值小于 0.001，说明效度较高。

本研究通过 SPSS 软件中的因子分析，得到的检验结果见表 10.7。从分析结果可以看出，KMO 值为 0.787（大于 0.7），Bartlett 球形检验得到的 P 值为 0.000（小于 0.001），说明问卷数据的效度较高。

表 10.7　KMO 和 Bartlett 的检验

取样足够度的 Kaiser-Meyer-Olkin 度量		0.787
Bartlett 球形检验	近似卡方	1 047.512
	df	210
	Sig.	0.000

接着，因子分析提取出了 6 个主成分，见表 10.8。在 21 个成分中，这 6 个主成分的方差累积贡献率达到了 60.498%，因此本次因子分析的效度较高。

表 10.8　解释的总方差

成分	合计	方差的百分比	累积百分比
1	5.442	25.912%	25.912%
2	1.889	8.995%	34.907%
3	1.554	7.398%	42.305%
4	1.467	6.984%	49.289%
5	1.222	5.818%	55.107%
6	1.132	5.391%	60.498%
7	0.943	4.490%	64.988%
8	0.908	4.322%	69.310%
9	0.815	3.879%	73.189%
10	0.760	3.618%	76.807%
11	0.717	3.416%	80.223%
12	0.610	2.907%	83.130%
13	0.557	2.651%	85.781%
14	0.518	2.465%	88.246%
15	0.441	2.100%	90.346%

（续表）

成分	合计	方差的百分比	累积百分比
16	0.419	1.996%	92.342%
17	0.396	1.885%	94.227%
18	0.356	1.697%	95.924%
19	0.321	1.529%	97.453%
20	0.303	1.443%	98.896%
21	0.232	1.106%	100.002%

10.5.5 顾客满意度计算

10.5.5.1 确定权重

为了计算顾客满意度，必须要先确定各变量的权重。一般情况下，影响某目标的因素有多个，且它们之间具有一定的相关性，这些变量构成的 N 维数据对于分析权重造成了一定的影响。而本研究选择通过主成分分析法来确定权重，利用降维的方法大大降低了分析的维度。用这种方法从数据本身提取信息并确定权重，不仅简单，而且更能体现顾客意愿，客观性较强。

首先通过 SPSS 软件进行因子分析，输出结果，见表 10.9。因此可以用前 6 个成分代替 21 个观测变量指标。

表 10.9 成分矩阵

观测变量	成分					
	1	2	3	4	5	6
E_1	0.299	0.529	−0.350	0.302	−0.031	−0.132
E_2	0.367	0.509	−0.493	0.187	−0.007	0.221
E_3	0.437	0.401	−0.485	0.178	0.005	0.066
Q_1	0.604	−0.023	−0.137	−0.245	0.180	0.187
Q_2	0.588	−0.018	0.034	−0.161	0.293	0.160
Q_3	0.573	0.149	0.061	−0.285	0.304	0.303
Q_4	0.398	0.453	0.192	−0.310	−0.284	0.026
Q_5	0.476	0.307	0.389	−0.231	−0.273	−0.107

（续表）

观测变量	成分					
	1	2	3	4	5	6
Q_6	0.431	0.208	0.330	0.327	−0.469	−0.134
Q_7	0.319	−0.083	0.282	0.688	−0.193	0.123
Q_8	0.404	−0.337	0.127	0.448	0.251	0.245
Q_9	0.429	−0.069	0.166	0.389	0.372	0.048
V_1	0.567	0.127	0.210	0.033	0.318	−0.489
V_2	0.511	0.092	0.147	−0.020	0.320	−0.565
S_1	0.647	−0.025	0.116	−0.077	0.057	0.062
S_2	0.621	−0.127	0.276	−0.089	−0.198	0.285
S_3	0.637	−0.076	0.091	−0.150	−0.140	0.235
L_1	0.663	−0.344	−0.280	−0.028	−0.167	−0.112
L_2	0.635	−0.246	−0.306	−0.124	−0.163	−0.230
C_1	−0.458	0.532	0.169	0.065	0.168	0.062
C_2	−0.348	0.436	0.380	−0.038	0.218	0.183

接下来利用表10.9“成分矩阵”中的载荷数除以表10.8“解释的总方差”中总计开平方后的值，得到主成分在线性组合中的系数，见表10.10。

表10.10　主成分在线性组合中的系数

观测变量	成分					
	1	2	3	4	5	6
E_1	0.1282	0.3849	−0.2808	0.2493	−0.0280	−0.1241
E_2	0.1573	0.3703	−0.3955	0.1544	−0.0063	0.2077
E_3	0.1873	0.2918	−0.3891	0.1470	0.0045	0.0620
Q_1	0.2589	−0.0167	−0.1099	−0.2023	0.1628	0.1758
Q_2	0.2521	−0.0131	0.0273	−0.1329	0.2651	0.1504
Q_3	0.2456	0.1084	0.0489	−0.2353	0.2750	0.2848
Q_4	0.1706	0.3296	0.1540	−0.2559	−0.2569	0.0244
Q_5	0.2040	0.2234	0.3120	−0.1907	−0.2470	−0.1006

（续表）

观测变量	成分					
	1	2	3	4	5	6
Q_6	0.1848	0.1513	0.2647	0.2700	−0.4243	−0.1259
Q_7	0.1367	−0.0604	0.2262	0.5680	−0.1746	0.1156
Q_8	0.1732	−0.2452	0.1019	0.3699	0.2271	0.2303
Q_9	0.1839	−0.0502	0.1332	0.3212	0.3365	0.0451
V_1	0.2431	0.0924	0.1685	0.0272	0.2877	−0.4596
V_2	0.2190	0.0669	0.1179	−0.0165	0.2895	−0.5310
S_1	0.2773	−0.0182	0.0931	−0.0636	0.0516	0.0583
S_2	0.2662	−0.0924	0.2214	−0.0735	−0.1791	0.2679
S_3	0.2731	−0.0553	0.0730	−0.1238	−0.1266	0.2209
L_1	0.2842	−0.2503	−0.2246	−0.0231	−0.1511	−0.1053
L_2	0.2722	−0.1790	−0.2455	−0.1024	−0.1475	−0.2162
C_1	−0.1963	0.3871	0.1356	0.0537	0.1520	0.0583
C_2	−0.1492	0.3172	0.3048	−0.0314	0.1972	0.1720

由于主成分分析提取的6个成分可以近似代替其他所有的指标，因此指标系数可以看成是以这6个主成分方差贡献率为权重，对各指标在这6个主成分线性组合中的系数进行加权，最后得到各变量在综合得分模型中的系数，再将这个系数进行归一化处理得到最后的权重，见表10.11。

表10.11　各变量的系数和权重

观测变量	系数	权重
E_1	0.093	0.044
E_2	0.110	0.051
E_3	0.099	0.046
Q_1	0.103	0.048
Q_2	0.133	0.062
Q_3	0.152	0.071
Q_4	0.089	0.042

(续表)

观测变量	系数	权重
Q_5	0.104	0.049
Q_6	0.113	0.053
Q_7	0.136	0.064
Q_8	0.135	0.063
Q_9	0.161	0.076
V_1	0.128	0.060
V_2	0.097	0.045
S_1	0.130	0.061
S_2	0.126	0.059
S_3	0.111	0.052
L_1	0.030	0.014
L_2	0.015	0.007
C_1	0.016	0.008
C_2	0.051	0.024

10.5.5.2 变量指数计算

通过上述ACSI模型的计算公式可以计算出文化休闲村顾客满意度模型的各变量指数值，具体结果见表10.12。

表10.12 各变量指数值

潜在变量	指数值	观测变量	均值	指数值
预期质量	77.06	E_1	4.09	77.25
		E_2	4.06	76.50
		E_3	4.10	77.50
感知质量	75.28	Q_1	3.84	71.00
		Q_2	3.78	69.50
		Q_3	3.82	70.50

（续表）

潜在变量	指数值	观测变量	均值	指数值
感知质量	75.28	Q_4	3.86	71.50
		Q_5	3.96	74.00
		Q_6	4.19	79.75
		Q_7	4.29	82.25
		Q_8	3.96	74.00
		Q_9	4.29	82.25
感知价值	78.03	V_1	4.13	78.25
		V_2	4.11	77.75
顾客满意度	68.53	S_1	3.77	69.25
		S_2	3.73	68.25
		S_3	3.72	68.00
顾客忠诚	65.01	L_1	3.61	65.25
		L_2	3.58	64.50
顾客抱怨	41.80	C_1	2.87	46.75
		C_2	2.61	40.25

从计算结果可以看出，顾客的感知价值最高，为 78.03；其次是预期质量，为 77.06；再次是感知质量，为 75.28；顾客满意度指数为 68.53；顾客忠诚指数较低，为 65.01；顾客抱怨是最低的，为 41.80。

10.5.6 顾客满意度指数分析

10.5.6.1 预期质量与感知质量分析

从表 10.12 可知，感知质量指数低于预期质量指数，说明游客在文化休闲村的整体感知要低于游客的期望值。因为三台山茶文化休闲村位于西湖风景名胜区内，出于对西湖秀丽风景的期待，游客对文化休闲村的期望值也随之提高。然而游客在游玩、购买商品或享受服务后的真实感受达不到预期，造成感知质量指数降低。其中，感知质量中 9 个变量的指数值见表 10.13。

表 10.13　感知质量各观测变量指数

排序	观测变量	观测指标	指数值
1	Q_7	环境卫生	82.25
1	Q_9	解说标识	82.25
3	Q_6	休闲景观	79.75
4	Q_5	商业氛围	74.00
4	Q_8	服务设施	74.00
6	Q_4	传统文化	71.50
7	Q_1	业态功能	71.00
8	Q_3	商业购物	70.50
9	Q_2	空间布局	69.50

从表 10.13 可以看出，首先，游客对村落环境卫生和解说标识的满意度最高，均超过 80；对休闲景观的满意度也较高，达到 79.75。而游客对商业氛围、服务设施的满意度不高，说明三台山茶文化休闲村在这两方面的工作还需完善。其次，游客在传统文化、业态功能、商业购物的满意度较低，反映出作为文化类的商业休闲村，缺少传统文化特色、业态丰富度不够、商业购物欠缺，应给予高度重视。而包括休闲、购物、娱乐、餐饮和住宿等业态在内的空间布局的满意度最低，仅为 69.5，说明在这方面的整治有待加强。

10.5.6.2　预期质量与感知价值分析

由表 10.12 得出，感知价值指数高于预期质量，说明游客在购买产品或享受服务后，综合其质量及所对应的价格后对村落的感知价值满意度较高。一般来说，景区的商品及服务的价格会比日常生活中高出许多，但三台山茶文化休闲村的商品价格控制得较好，没有出现物价过高、令游客失望的情况，由此赢得了顾客满意的结果。因此三台山茶文化休闲村应该继续保持旅游产品和服务的价格优势，同时提高产品的质量以获得游客更高的感知价值。

10.5.6.3　预期质量与顾客满意度分析

计算结果显示顾客满意度指数远远低于预期质量指数，总体顾客满意度偏低。预期质量的高低对于顾客满意度有着直接的影响，由于游客对三台山茶文化休闲村存在较高预期，并将其作为评价的标准，但实际感知却达不到这个标准，于是产生了落差感，导致顾客满意度降低。要提高顾客满意度，就要使感知质量和感知价值达到甚至超过顾客的期望。结合上述分析，三台山茶文化休闲村管理人员应着重从感知质量中的不足入手，包括空间布局、业态功能、传统文化、商业氛围、商业购物、服务设施等方面。

10.5.6.4 感知质量与感知价值分析

感知质量指数低于感知价值指数，也就是说文化休闲村的商品和服务的质量存在偏差，说明三台山茶文化休闲村带给游客的实际感知绩效不佳。因此应在保持价格合理的同时，努力提高服务的质量，达到价格和质量的平衡，进而提高顾客满意度。

10.5.6.5 顾客满意度与感知质量分析

顾客满意度指数低于感知质量指数。作为影响顾客满意度的重要前因变量，感知质量会对顾客满意度造成直接影响，因此三台山茶文化休闲村感知质量指数较低，导致顾客满意度指数也很低。从表 10.13 可以看出，主要存在一些商业氛围差、服务设施不健全、文化体验度低、业态紊乱以及空间布局不合理等问题。

10.5.6.6 顾客满意度与感知价值分析

顾客满意度指数远远低于感知价值指数，说明相对于所支付的费用，游客对实际效益的评价较高，但顾客满意度却没有达到相应水平。因此在服务中感知价值不能在顾客满意度最终评价中起主导作用，影响较大的还是感知质量。三台山茶文化休闲村应将整改的重心放在感知质量方面，并且尽量保持顾客对感知价值的满意度。

10.5.6.7 顾客满意度与顾客忠诚

顾客忠诚指数低于顾客满意度指数，说明游客重游和为三台山茶文化休闲村做正面宣传的可能性较低。顾客忠诚是顾客满意度的行为结果，它们之间是正相关关系，较低的顾客满意度导致顾客忠诚降低，不利于三台山茶文化休闲村的可持续发展。因此应积极配合顾客意愿提升整改，提高游客重游率，促进他们有为村落做正面宣传的意愿。

10.5.6.8 顾客满意度与顾客抱怨分析

顾客抱怨和顾客满意度也存在一定的关系。结果显示顾客抱怨指数较低，说明虽然顾客满意度不高，但是大部分游客对三台山茶文化休闲村存在着积极正面的心态，负面宣传和投诉的可能性偏低。应重视顾客抱怨和顾客满意度的相互关系，谨慎对待顾客抱怨指数的上升。

10.5.7 结论分析

从问卷调查的统计结果看来，三台山茶文化休闲村预期质量的均值和指数值都很高，同时，顾客的感知价值的均值和指数值较高，说明三台山茶文化休闲村在商品价格方面管理到位。而顾客的感知质量包含的9个观测变量的指数值起伏较大，这是因为三台山茶文化休闲村在环境卫生、解说标识和休闲景观方面满足了顾客需求，但在空间布局、业态功能、传统文化、商业氛围、商业购物、服务设施等方面存在较大不足。根据分析结果显示，游客的总体满意度偏低，游客重游率和正面宣传率不高，也有顾客抱怨情况的发生。因此，不难发现三台山茶文化休闲村虽然有着独特的文化优势，但其商业品质有待提升，本书需要就感知质量中较低指数值的观测变量提出具体建议。

10.6 三台山茶文化休闲村商业品质提升对策

10.6.1 优化商业结构

商业结构包括商业的业态功能和业态结构两个方面。由于三台山茶文化休闲村的购物、娱乐、餐饮、住宿等业态功能不足，不够多元化，业态结构也存在问题，这就需要结合顾客需求进行优化。三台山茶文化休闲村需要通过丰富业态功能，引进多元化的业态以满足不同游客的需求，形成具有吸引力的商业空间。同时，可以考虑把众多的特色茶楼和老字号品牌作为区域特色业态，并将其与餐饮、娱乐、购物、住宿等业态形成有机的整体，改变业态松散的格局，实现整合，优化业态结构。

10.6.2 整合空间格局

以空间的功能特性为出发点，三台山茶文化休闲村需要将相同或相似功能的区域作为一个整体来规划，以此划分为不同的功能片区。以三台山茶文化休闲村内的主要道路为轴线，设计打造吸引人流的景观廊道，将不同片区串联在一起，使游客能更加流畅、通达地游玩。同时在景观空间结构上，需要以空间内的景观特色为出发点，将最具特色的景观中心或公共区域作为核心，布设休闲座椅及景观小品以吸引人流。此外，设计几处景观节点，点与点连成景观带形成辐射效应，使得三台山茶文化休闲村的整体空间格局更协调。

10.6.3 强化文化体验

文化休闲村与普通商业村的主要区别在于它所依托的历史和文化，因此强化村落的文化体验是重中之重。茶文化休闲村应以特色茶文化为依托，以多元业态为辅助，以市民休闲为核心功能。基于这一思路，三台山茶文化休闲村需要进一步挖掘茶文化的历史价值，并将其重点呈现。首先，充分利用老字号茶品牌、传统制茶工艺以及饮茶文化等商业遗产资源，增加与茶有关的特色商业。其次，增加多种不同形式的文化趣味活动以增强游客的文化体验，如当地的民俗活动、茶文化展示活动、茶叶展销会等。这不仅能丰富游客的参与形式，还能更鲜明地表现村落的文化主题，增加村落的吸引力。

10.6.4 塑造购物环境

塑造购物环境需要注重大众的物质需求和精神需求。首先，需要增加商品的品种和品牌，满足不同群体对商品的质量、价格和种类的购物需求。其次，将商业环境打造成独具历史特色、符合文化主题的室内环境，设置休闲娱乐空间，增加文化要素以营造艺术氛围，满足大众的精神需求。良好的购物环境有利于商业空间积聚人气、延长人的驻留时间、刺激消费，同时为商家赢得利润。所以管理者可对商家进行筛选，适当剔除粗放型商家，鼓励创意性、文艺性、时尚性的商业入驻，以精致、独特的购物环境吸引顾客。

10.6.5 完善公共服务

对于文化休闲村来说，健全休闲设施、完善服务功能尤为重要。从三台山茶文化休闲村的调查结果看出，游客对服务设施的满意度较低，这直接影响着游客的空间体验和购物情绪。针对这一问题，管理者首先可以考虑增设休憩场所，配备休闲坐凳、景观小品等。充分利用村内的户外空间，在休憩场所设计符合村落建筑风格的场景，如用栅栏包围成小院落的形式，使游客在购物、娱乐之余可以舒适地欣赏景区美景。其次，完善配套设施建设，包括交通基础设施、安全设施、卫生间等。再次，进一步完善村内标识系统，包括指导性路牌、村落地图、宣传资料等信息。

10.7 研究不足与展望

10.7.1 研究不足

由于一些客观因素以及在学术水平、统计分析能力等方面的欠缺，本次关于三台山茶文化休闲村的研究还存在以下不足。

（1）本研究采用问卷调查法，需收集大量一手资料，对调查数据的可靠性提出了很高要求。但是本次调查主要在3月份开展，调查结果可能会受季节限制而出现偏差，所以应在不同时间段分别进行数据采集，以保证结果的客观性。另外，在数据分析过程中偶尔会存在数据不符合统计要求以及分析结果出现偏差等问题，对其后的实证研究产生影响。

（2）本研究以ACSI模型为基础，调整了原模型中的个别变量，构建了文化休闲村顾客满意度指数模型。但在国内，将ACSI模型运用在文化休闲村上的研究尚处于探索阶段，没有一个完整的研究体系，可直接借鉴的文献较少，所以在内容设计上可能不太全面。另外，由于统计分析方面的知识储备不够，也会造成调查结果分析不够深入的问题。

10.7.2 未来展望

为了增强模型的可靠性和适用性，我们接下来的研究应在不同的季节进行顾客满意度数据的采集。同时为了提高样本的代表性，可以考虑采取抽样调查的方法，并从不同时空角度进行对比，使对于文化休闲村顾客满意度指数模型的构建及运用更加科学，为文化休闲型商业村落的建设和管理提供借鉴。

伴随着知识经济的到来，各企业的服务意识都显著加强，各个领域都开始重视顾客心理，以顾客为中心调整其发展战略，所以顾客满意度恰恰顺应了时代的需要。随着学术界对顾客满意度研究的不断深入，未来我们应建立宏观和微观两种层次的顾客满意度测评模型，从整体和细节深入研究满意度机制，使顾客满意度能更切合实际地应用于生产和服务。相信随着顾客满意度研究工作的深入，各地文化休闲村落的发展将会更加人性化、科学化和智慧化，为游客提供最有效、最需要的产品和服务。与此同时，旅游市场也将会处于一个以顾客满意为工作重心的良性竞争中。

参 考 文 献

[1] Alivand, Majid, Hochmair, et al. Analyzing how travelers choose scenic routes using route choice models [J]. Computers, Environment and Urban Systems, 2015, 50: 41-52.

[2] Belgium. Landscape and Urban Planning, 2007(80): 45-55.

[3] Christian Schulz, Robert Koch a, Arne Cierjacks, Birgit Klein-schmit. Land change and loss of landscape diversity at the Caat-inga phy togeographical domain e Analysis of pattern-process relationships with MODIS land cover products (2001—2012)[J]. Journal of Arid Environments, 2017(136): 54-74.

[4] Christina Geng-Qing Chi, Hailin Qu. Examining the structural relationships of destination image, tourist satisfaction and destination loyalty: An integrated approach[J]. Tourism Management, 2008, 29(4): 624-636.

[5] Dani, Vinit. Measuring Customer Satisfaction for F&B Chains in Pune Using ACSI Model[J]. Procedia-Social and Behavioral Sciences, 2014(33): 465-472.

[6] David W. Eby, Lisa J. Molnar. Importance of scenic byways in route choice: a survey of driving tourists in the United States [J]. Transportation Research, Part A (Policy and Practice), 2002, 36(2): 100-106.

[7] Imtiaz Ahmed Chandio, Abd Nasir B. Matori, Khamaruzaman B. WanYusof, et al. GIS-based analytic hierarchy process as a multicriteria decision analysis instrument: a review[J]. Arabian Journal of Geosciences, 2013(6): 3059-3066.

[8] Moital M, Dias N R, Machado D F C. A cross national study of golf tourists' satisfaction [J]. Journal of Destination Marketing & Management, 2013, 2(1): 39-45.

[9] Nuri Bozali, Fatih Sivrikaya, Abdullah E. Akay. Use of spatial pattern analysis to assess forest cover changes in the Mediterranean region of Turkey [J]. Journal of Forest

Research，2015，20(4)：365-374.

[10]〔苏〕B. P. 克罗基乌斯. 城市与地形[M]. 钱治国，译. 北京：中国建筑工业出版社，1982.

[11] 鲍沁星，李雄，陈楚文. 杭州地区古树名木现状分析及保护重点[J]. 浙江林业科技，2009，29(2)：77-80.

[12] 曹帅强，邓运员，刘红利，等. 城市商业街区满意度综合评价——以衡阳步行街为例[J]. 衡阳师范学院学报，2014(3)：162-165.

[13] 曹宇，肖笃宁，赵羿，等. 近十年来中国景观生态学文献分析[J]. 应用生态学报，2001(3)：474-477.

[14] 陈端吕，李际平. 西洞庭湖区森林景观格局的环境响应[J]. 林业科学，2008(7)：29-35.

[15] 陈岗. 杭州西湖文化景观的语言符号叙事——基于景区营销、文化传播与旅游体验文本的比较研究[J]. 杭州师范大学学报(社会科学版)，2015，37(2)：121-127.

[16] 陈佳菁. 杭州市主城区森林景观建设与评价探析[D]. 杭州：浙江农林大学，2012.

[17] 陈利顶，李秀珍，傅伯杰，等. 中国景观生态学发展历程与未来研究重点[J]. 生态学报，2014，34(12)：3129-3141.

[18] 陈晓翠，王璐，徐思蒙，等. 基于服务质量的顾客满意度文献综述[J]. 中国管理信息化，2016，19(11)：102-105.

[19] 陈永贵，陈英存，杨润，等. GIS 技术支持下森林公园道路选线的辅助设计[J]. 西北林学院学报，2008(4)：184-188.

[20] 陈志根. 西湖旅游历史高峰期的分析与比较[J]. 浙江水利水电学院学报，2016，28(5)：5-8.

[21] 程龙生，牛俊磊，时建中. 公路长途客运顾客满意度模型及其应用[J]. 数理统计与管理，2016，31(1)：15-25.

[22] 戴林琳，江南. 历史街区文化创意产业游客满意度研究——以北京旧城南锣鼓巷为例[J]. 扬州大学学报(人文社会科学版)，2016(2)：60-65.

[23] 戴湘毅，朱思嘉，宋予佳，等. 居住性历史街区的商业结构及其形成机制——以北锣鼓巷为例[J]. 城市发展研究，2017(7)：100-108.

[24] 丁洪建，贺剑. 基于 3S 的国家登山健身步道规划技术研究——以北京昌平国家登山健身步道规划为例[J]. 中国园林，2015，31(9)：70-74.

[25] 董世永，李杰. 山地滨水旅游区文化价值空间探究——地域文脉在文化旅游中的价值体现[J]. 重庆建筑，2007(8)：60-62.

[26] 董小俊.南方红壤丘陵区森林景观格局分析和优化研究[D].北京：首都师范大学,2014.

[27] 冯姿霖,陶源.GIS 在淄博花山山地公园道路系统规划中的应用[J].山东林业科技,2016,46(5)：97-100.

[28] 符言竹.基于 GIS 的国家森林公园道路选线研究——以三门江国家森林公园保护与规划设计为例[J].城市地理,2017(4X)：54.

[29] 付红艳.城市景观格局演变研究现状综述[J].测绘与空间地理信息,2014,37(4)：73-74,77.

[30] 付军,李昀,王亚英.北京山地景观审美鉴赏[J].艺术大观,2019(8)：210-211.

[31] 高华,吴亚娟.浅析森林公园游步道设计[J].中国园艺文摘,2015,31(11)：126-127,164.

[32] 高亚红.杭州西湖环湖景区的园林植物景观研究[D].杭州：浙江大学,2012.

[33] 宫婕.基于 ACSI 的旅游地顾客满意度指数测评与决策支持系统研究[D].太原：太原理工大学,2010.

[34] 郭兵.基于 GIS 和 RS 技术的森林植被景观格局变化研究[D].济南：山东建筑大学,2014.

[35] 韩林桅,张淼,石龙宇.生态基础设施的定义、内涵及其服务能力研究进展[J].生态学报,2019,39(19)：7311-7321.

[36] 何兴元,刘常富,陈玮,等.城市森林分类探讨[J].生态学杂志,2004,23(5)：175-178,185.

[37] 胡乔利,齐永青,胡引翠,等.京津冀地区土地利用/覆被与景观格局变化及驱动力分析[J].中国生态农业学报,2011,19(5)：1182-1189.

[38] 黄怡鑫.杭州南宋御街历史文化型旅游商业街区品质提升研究[J].现代物业(中旬刊),2016(6)：98-101.

[39] 姬潮.基于分形理论的山形轮廓线景观美学研究初探[C].中国地质学会旅游地学与地质公园研究分会.中国地质学会旅游地学与地质公园研究分会第 33 届年会暨重庆万盛世界地质公园创建与旅游发展研讨会论文集.中国地质学会旅游地学与地质公园研究分会,2018：228-247.

[40] 李本献.西湖文化遗产价值挖掘与文创利用探索——以杭州岳庙为例[D].杭州：中国美术学院,2017.

[41] 李馥佳,赖阳,韩凝春.历史文化商业街区建设与提升分析[J].商业经济研究,2018(7)：

32-34.
[42] 李功成.杭州西湖园林变迁研究[D].南京：南京林业大学，2006.
[43] 李桂梅.浅谈人工造林的培育与管理[J].南方农机，2019，50(17)：87.
[44] 李海薇，陶波兰.景观生态学基本理论在风景园林规划设计中的应用[J].绿色科技，2019(15)：23-27.
[45] 李佳民.顾客满意度模型应用研究[J].中国商论，2017(9)：157-158.
[46] 李建中.浅谈人工造林更新的措施及注意事项[J].南方农业，2019，13(8)：66-67.
[47] 李晶.城镇湿地公园森林景观改造规划设计[D].济南：山东农业大学，2016.
[48] 李宁.顾客满意研究综述[J].现代商业，2016(32)：18-20.
[49] 李炜.山水文化观照下的现代设计理念[J].长春大学学报，2019(3)：121-124.
[50] 李晓波.杭州西湖景中村游憩空间研究[D].杭州：浙江农林大学，2014.
[51] 郦道元.水经注[M].北京：中华书局，2009.
[52] 廖芳均，赵东升.南岭国家级自然保护区森林景观格局变化与动态模拟[J].地理科学，2014，34(9)：1099-1107.
[53] 廖红强，邱勇，杨侠，等.对应用层次分析法确定权重系数的探讨[J].机械工程师，2012(6)：22-25.
[54] 林继卿.基于GIS的灵石山国家森林公园游览线路组织研究[D].福州：福建农林大学，2009.
[55] 刘董欢，黄玉上，李帅，等.基于地域文脉的城市入口道路景观设计——以河南宝丰县X030时肖线道路升级景观设计为例[J].天津农业科学，2018，24(3)：86-90.
[56] 刘桂萍，张晓帆，陈川，等.最短路径在ArcGIS空间分析中的实现[J].新疆大学学报(自然科学版)，2008(3)：353-355.
[57] 刘华彬.西湖风景建筑与山水格局研究[D].杭州：浙江农林大学，2010.
[58] 刘华蓉，王洁，王雨婷，等.乡村聚落景观格局研究综述[J].经济研究导刊，2016(8)：37-38.
[59] 刘良玺.保护古树名木提升城市品位[C].山东省农业历史学会.山东省农业历史学会2014年学术年会论文集.2014：107-109.
[60] 刘楠.浅谈居住区园林景观中视觉设计要素的重要性[J].教育教学论坛，2020(10)：125-127.
[61] 刘倩.黄山风景名胜区游步道规划建设研究[D].合肥：安徽农业大学，2015.

[62] 刘颂，李倩，郭菲菲. 景观格局定量分析方法及其应用进展[J]. 东北农业大学学报，2009，40(12)：114-119.

[63] 刘宇飞，时晓晖. 浅谈地域文脉与景观本土化设计的关系[J]. 大众文艺，2018(10)：115.

[64] 柳绮文. 商业休闲街区的创意文化探索——成都宽窄巷子历史保护街区改造中的得与失[J]. 中国商贸，2015(13)：101-103.

[65] 陆景岗，唐根年，李健. 新构造运动与杭州西湖的形成及其成景分析[J]. 浙江国土资源，2003(4)：58-61.

[66] 路鹏，苏以荣，牛铮，等. 湖南省桃源县县域景观格局变化及驱动力典型相关分析[J]. 中国水土保持科学，2006(5)：71-76.

[67] 骆天庆，傅玮芸，夏良驹. 基于分层需求的社区公园游憩服务构建——上海实例研究[J]. 中国园林，2017，33(2)：113-117.

[68] 吕洁，陈东田，黄露，等. 基于游客满意度的潍坊十笏园文化街区空间品质提升途径研究[J]. 山东农业大学学报(自然科学版)，2017，48(4)：497-503.

[69] 毛翊天，邢晓明，华星星. 杭州西湖湖滨景区规划设计[J]. 中国园林，2009(8)：53-56.

[70] 苗东利. 基于 GIS 技术的森林公园道路选线设计与规划[J]. 现代电子技术，2016，39(17)：60-62，66.

[71] 明慧，张夸云，赵林森，等. 基于 GIS 的昆明市海口林场森林景观视觉敏感度评价[J]. 林业调查规划，2016，41(1)：11-16.

[72] 缪雪. 基于 ACSI 的成都市地铁乘客满意度评价体系的构建[J]. 现代商业，2014(5)：80-81.

[73] 倪士毅. 古代杭州[M]. 杭州：西泠印社出版社，2000.

[74] 牛杰. 基于游客满意度的开封书店街历史文化街区旅游开发研究[D]. 开封：河南大学，2014.

[75] 齐丽. 景观格局研究综述进展及分析[J]. 绿色科技，2019(5)：39-40，45.

[76] 其格乐很，何秉宇，黄玲. 基于 GIS 和 Fragstats 的城市绿地景观格局动态变化研究——以新疆乌鲁木齐市为例[J]. 安徽农业科学，2019，47(15)：72-77，88.

[77] 全国绿化委员会办公室. 全国古树名木普查建档技术规定[Z]. 2001.

[78] 阙晨曦，池梦薇，陈铸，等. 福州国家森林公园景观格局变迁及驱动力分析[J]. 西北林学院学报，2017，32(6)：169-177.

[79] 沈小华，宋伙林，刘敏，等. 特色街区文化品质提升的问题及对策研究——以泰州市为例[J]. 美与时代：创意(上)，2017(6)：45-47.
[80] 沈雄勇. 福州市古树名木的景观保护和恢复研究[D]. 福州：福建农林大学，2009.
[81] 施奠东. 深切缅怀现代杭州风景园林的奠基人——余森文先生[J]. 中国园林，2010，26(2)：47-51.
[82] 舒兰. 建构活态文化遗产的认知框架——再谈杭州西湖的形成[J]. 中国园林，2018，34(11)：38-43.
[83] 司马迁. 史记[M]. 长沙：岳麓书社，2009.
[84] 苏诗涵. 杭州半山国家森林公园植物景观调查研究[D]. 杭州：浙江农林大学，2019.
[85] 孙拥康，汤景明，全永寿，等. 基于 GIS 的长岭岗林场森林景观格局分析与优化[J]. 安徽农学通报，2016，22(9)：104-107.
[86] 谈方琪. 基于 GIS 的森林景观格局研究与展望[J]. 绿色科技，2018(9)：160-163.
[87] 田仁伟，赵翠薇，贺中华，等."源—汇"景观理论的研究综述[J]. 贵州科学，2019，37(3)：24-29.
[88] 王春玲，佘佐彬. 基于物联网的古树名木监控管理研究[J]. 计算机工程，2015，41(5)：316-321.
[89] 王国平. 西湖文献集成：第 12 册[M]. 杭州：杭州出版社，2004.
[90] 王珺. 让绿色永存—西湖风景名胜区 23 年无森林火灾[J]. 浙江林业，2011(3)：22-23.
[91] 王凯，唐承财，刘家明. 文化创意型旅游地游客满意度指数测评模型——以北京 798 艺术区为例[J]. 旅游学刊，2011，26(9)：36-44.
[92] 王丽梅. 福州北峰森林景观资源评价及其开发利用研究[D]. 福州：福建农林大学，2004.
[93] 王淼，徐晨，康宏兴，等. 城市郊野森林公园林相改造初探——以南京老山森林公园为例[J]. 林业科技开发，2015，29(2)：147-151.
[94] 王诗梅. 论林业造林工程的主要质量问题及改进措施[J]. 农技服务，2017，34(7)：94.
[95] 王双双，林航，陈焰云，等. 基于因子分析法的体验型餐饮企业顾客满意度的实证研究——以海底捞餐饮企业为例[J]. 贵州商学院学报，2015，28(1)：66-74.
[96] 王瑛. 西湖风景区山水园林格局产生及其历史演变考[J]. 浙江园林，2018(2)：8-11.
[97] 王盈. 基于 ACSI 模型下女大学生对体育场地满意度研究——以福建师范大学旗山校区为例[J]. 重庆工商大学学报(自然科学版)，2015，32(8)：101-106.

[98] 王忠贵.封山育林类型及措施探讨[J].山西林业科技,2004,(4):44-45.

[99] 吴菲.城市道路景观改造如何营造地域特色[J].居舍,2019(33):163.

[100] 吴涛,赵冬至,张丰收,等.基于高分辨率遥感影像的大洋河河口湿地景观格局变化[J].应用生态学报,2011,22(7):1833-1840.

[101] 吴晓,吉倩妘,王晓.融合生态策略的城市开放空间规划设计初探——基于北欧生态型城镇的建设经验[J].中国园林,2018,34(11):80-84.

[102] 伍百军.基于ACSI模型的古村落游客满意度研究——以"中国民间艺术之乡"兰寨为例[J].湖南农业大学学报(社会科学版),2016,17(5):63-68.

[103] 〔英〕西蒙·贝尔.景观的视觉设计要素[M].王文彤,译.北京:中国建筑工业出版社,2004.

[104] 夏民.南宁青秀山风景名胜区绿道选线及规划研究[D].长沙:中南林业科技大学,2015.

[105] 徐明波,晋超.文化休闲商业街的开发与创新——以成都锦里为例[J].四川旅游学院学报,2014(6):78-80.

[106] 徐筱婷,张鑫锋.风景名胜区的景观活化与游线整合思考——以滁州琅琊山亭园入口景观与山林游步道规划为例[J].中外建筑,2018(10):156-159.

[107] 徐永敏,刘鹏,李玉群.基于GIS的道路选线辅助系统的建立[C]//四维公司.2008年数字测绘与GIS技术应用研讨交流会论文集.北京:北京市测绘设计研究院,2008:258-261.

[108] 许丰思.GIS分析在山岳型风景区索道选线中的应用[D].北京:北京林业大学,2011.

[109] 许志斌,刘丽,何利群,等.南山植物园风景林地林相改造问题探讨[J].农业科技与信息(现代园林),2010(2).48-50.

[110] 薛萍,徐洁怡.顾客满意度指数建模方法研究综述[J].现代商业,2013(3):17-20.

[111] 〔丹麦〕杨·盖尔.交往与空间[M].何人可,译.北京:中国建筑工业出版社.2002.

[112] 杨光.浅谈古树名木保护[J].建筑工程技术与设计,2016(9):2364.

[113] 杨俊,李凯旭.顾客满意度与顾客忠诚度的转化关系研究[J].中外企业家,2014(6):244.

[114] 杨柳.传统观念下的山地景观认知与选择[C].中国地理学会&中国自然资源学会.第三届山地人居环境可持续发展国际学术研讨会论文集.2012:494-502.

[115] 杨尧兰,米鸿燕,李铭诺.基于3S的森林公园游步道设计应用[J].安徽农业科学,2015,43(24):166-169.

[116] 叶琰迪，刘凤丹，胡广．杭州西湖风景区森林植被空间分布格局研究[J/OL]．浙江理工大学学报(自然科学版)：1-7[2018-12-17]. http：//kns. cnki. net/kcms/detail/33.1338. TS. 20181129. 1030. 008. html.

[117] 余金良，章银柯，朱炜．杭州西湖风景名胜区古树名木保护现状及前景探讨[J]．山东林业科技，2010，40(03)：118-121.

[118] 余金良．杭州西湖风景区古树名木保护复壮技术研究[C]．中国园艺学会观赏园艺专业委员会、国家花卉工程技术研究中心．中国观赏园艺研究进展(2013)．中国园艺学会，2013：5.

[119] 余树全，李翠环，姜礼元，等．千岛湖天然次生林群落生态学研究[J]．浙江林学院学报，2002(2)：28-32.

[120] 袁建锋．浅析城市道路景观营造——以金瓯路为例[J]．中国住宅设施，2017(3)：22-23，42.

[121] 约翰·O．西蒙兹，巴里·W．斯塔克．景观设计学—场地规划与设计手册[M]．俞孔坚，译．北京：中国建筑工业出版社，2000.

[122] 詹运洲，周凌．生态文明背景下城市古树名木保护规划方法及实施机制的思考——以上海的实践为例[J]．城市规划学刊，2016(1)：106-115.

[123] 张冠娉，吴越．基于 GIS 的鹅形山森林公园游步道选线系统的建立[J]．中外建筑，2012(5)：111-113.

[124] 张欢欢．基于因子分析法的茶文化旅游线路游客满意度研究——以信阳市为例[J]．西北师范大学学报(自然科学版)，2015(5)：114-118.

[125] 张建庭，杨小茹．李玉红．和谐共荣——传统的继承与可持续发展[C]．中国风景园林学会．中国风景园林学会 2010 年会论文集．2010：182-187.

[126] 张乐，曹爽，李士雪，等．层次分析法的改进及其在权重确定中的应用[J]．中国卫生统计，2016，33(1)：154-155.

[127] 张立山．城市商业步行街的开放空间景观设计——以平遥印象新街为例[D]．太原：山西大学，2019.

[129] 张强．基于 GIS 的城市山地公园景观视觉评价研究[D]．福州：福建农林大学，2017.

[129] 张为．GIS 技术在山岳型风景名胜区规划中的应用研究[D]．西安：西北大学，2017.

[130] 张自衡，唐红．森林公园游步道景观规划及设计探究——以鬼谷岭森林公园游步道设计为例[J]．现代园艺，2017(8)：116-119.

[131] 章菥妤．西湖山地景观空间构成及游赏利用研究[D]．杭州：浙江农林大学，2013.

[132] 中国大百科全书总编辑委员会.中国大百科全书·地理学[M].北京：中国大百科全书出版社，2004.

[133] 中华人民共和国建设部.城市古树名木保护管理办[EB/OL].http：//law.lawtime.cn/d632164637258.html，2000-09-01.

[134] 钟士恩，章锦河，丁蕾，等.江南水乡游客满意度的多维度影响因素测量模型[J].地理科学，2016，36(11)：1715-1721.

[135] 钟永德，罗明春，袁建琼.森林美学的发展及其在森林景观规划中的应用[J].中南林学院学报，2004(4)：82-87.

[136] 周伟忠，沈杰.中国顾客满意理论研究述评[J].江苏商论，2010(6)：12-13.

[137] 周亚东，周兆德.基于GIS与Fragstats的海南岛森林景观格局研究[J].中南林业科技大学学报，2015，35(5)：78-83.

附录 1

英 文 缩 写

英文缩写	英文全称	中文全称
RSS	Raw Species Score	原始树种分值
TSS	Transformed Species Score	转换树种分值
RTS	Raw Tree Score	原始树木分值
TTS	Transformed Tree Score	转换树木分值
RCS	Raw Condition Score	原始生长状况分值
TCS	Transformed Condition Score	转换生长状况分值
RDS	Raw Dimension Score	原始尺度分值
TDS	Transformed Dimension Score	转换尺度分值
RLS	Raw Location Score	原始场所分值
TLS	Transformed Location Score	转换场所分值
ROS	Raw Outstanding Score	原始显著分值
TOS	Transformed Outstanding Score	转换显著分值
RAS	Raw Aggregate Score	原始总评分
TAS	Transformed Aggregate Score	转换总评分

附录 2

杭州西湖风景名胜区重点区域古树名木单体景观评价得分

编号	地名	海拔/米	树种名称	胸径/厘米	冠幅/米	高度/米	树龄/年	TSS	TTS	TCS	TDS	TLS	TOS	TAS
1	淞沪战争雕像	16	樟树	70. 03	11. 9	15	100	53	80	100	73	75	40	70. 17
2	淞沪战争雕像	14	樟树	81. 17	15. 05	16	100	47	80	100	80	80	40	71. 17
3	淞沪战争雕像	15	樟树	63. 66	12. 8	16	100	40	80	100	80	75	20	65. 83
4	淞沪战争雕像	18	樟树	77. 99	16. 05	17	100	47	80	100	80	80	40	71. 17
5	六公园	3	樟树	74. 8	15. 1	12. 6	110	40	92	95	67	80	20	65. 67
6	六公园	3	樟树	58. 25	9. 4	12. 1	110	53	88	100	60	80	40	70. 17
7	六公园	3	樟树	62. 71	13. 45	13. 1	310	47	88	100	73	80	60	74. 67
8	六公园	3	樟树	109. 8	21. 15	18. 8	300	47	76	100	87	80	60	75
9	湖畔居院内	11	樟树	90. 72	21. 65	18. 6	310	47	76	100	87	85	60	75. 83
10	湖畔居院内	12	樟树	76. 39	18. 3	13. 5	300	40	76	100	73	85	60	72. 33
11	湖畔居院内	6	樟树	76. 39	16. 65	15. 4	160	40	72	95	73	80	40	66. 67

（续表）

编号	地名	海拔/米	树种名称	胸径/厘米	冠幅/米	高度/米	树龄/年	TSS	TTS	TCS	TDS	TLS	TOS	TAS
12	湖畔居院内	6	樟树	73.21	12.1	17.7	160	40	68	90	80	75	40	65.5
13	潮畔居院内	6	樟树	62.07	11.55	20.6	160	47	76	100	87	85	40	72.5
14	湖畔居院内	7	樟树	70.03	13.1	13.7	210	47	80	100	73	90	60	75
15	“白公惜别”石边	4	广玉兰	66.53	9.85	19.7	130	53	88	95	87	60	40	70.5
16	“白公惜别”石边	8	樟树	90.72	20.2	20.3	160	47	92	100	93	70	40	73.67
17	“白公惜别”石边	3	樟树	68.44	10.8	18.4	110	47	88	90	80	80	40	70.83
18	“白公惜别”石边	3	樟树	92.31	22.5	21.3	160	40	84	100	93	80	40	72.83
19	北山路杭铁分局	52	珊瑚朴	114.6	13.5	19.4	210	60	80	100	93	60	60	75.5
20	北山路杭铁分局	52	珊瑚朴	70.03	12.5	36	210	60	72	95	87	50	60	70.67
21	北山路杭铁分局	51	珊瑚朴	101.9	15	13.8	230	60	76	100	80	55	60	71.83
22	秋水山庄	10	樟树	70.98	10.65	20.6	160	40	52	85	87	70	0	55.67
23	秋水山庄	13	樟树	70.03	13.5	20.4	160	40	52	85	87	70	20	59
24	秋水山庄	12	樟树	76.71	7.55	11.3	160	47	68	95	60	75	20	60.83
25	秋水山庄	15	樟树	109.8	16	20.1	160	53	68	95	93	75	40	70.67
26	两岸咖啡	0	木香	22.28	10	5	210	73	80	65	47	70	60	65.83
27	两岸咖啡	0	樟树	82.76	16	21.7	130	47	88	100	87	95	40	76.17

（续表）

编号	地名	海拔/米	树种名称	胸径/厘米	冠幅/米	高度/米	树龄/年	TSS	TTS	TCS	TDS	TLS	TOS	TAS
28	两岸咖啡	0	樟树	92. 31	16. 5	23. 4	130	47	88	100	93	95	40	77. 17
29	两岸咖啡	6	紫藤	25. 46	10	5	210	67	84	75	47	75	40	64. 67
30	两岸咖啡	10	紫藤	25. 46	10	5	210	67	84	70	47	75	60	67. 17
31	两岸咖啡	45	紫藤	25. 46	10	5	210	67	84	75	47	75	60	68
32	两岸咖啡	6	紫藤	25. 46	10	5	210	67	84	75	47	75	60	68
33	两岸咖啡	6	紫藤	25. 46	10	5	230	67	84	70	47	75	40	63. 83
34	俞楼对面马路边	35	樟树	73. 21	15. 1	17. 1	184	47	84	100	80	100	20	71. 83
35	俞楼对面马路边	45	樟树	82. 76	9. 1	20. 1	184	47	80	95	87	90	40	73. 17
36	俞楼对面马路边	40	樟树	84. 35	11. 25	16. 2	180	47	80	90	80	90	40	71. 17
72	俞楼对面马路边	40	樟树	65. 25	8. 1	12. 4	180	d0	76	90	67	90	40	67. 17
38	俞楼后	40	樟树	85. 94	21. 95	17. 7	150	40	72	90	80	75	20	62. 83
39	俞楼后	40	樟树	85. 94	15. 15	11	150	40	72	90	67	75	20	60. 67
40	杭州饭店对面停车场	35	樟树	70. 03	18. 85	16. 8	130	47	72	85	80	80	20	64
41	杭州饭店对面停车场	35	樟树	61. 12	9. 15	14. 7	130	47	72	85	73	80	20	62. 83
42	杭州饭店对面停车场	35	樟树	50. 93	10. 95	14. 6	131	47	72	85	67	80	20	61. 83
43	杭州饭店对面停车场	35	樟树	70. 03	14. 6	17. 7	131	47	72	85	80	80	20	64

（续表）

编号	地名	海拔/米	树种名称	胸径/厘米	冠幅/米	高度/米	树龄/年	TSS	TTS	TCS	TDS	TLS	TOS	TAS
44	杭州饭店对面停车场	13	樟树	92.31	10.3	21	110	53	72	85	93	80	40	70.5
45	杭州饭店对面停车场	14	樟树	79.58	18.15	21.8	110	47	72	85	87	80	40	68.5
46	杭州饭店对面停车场	14	樟树	83.4	15.4	17.7	110	47	72	85	80	80	20	64
47	玉泉山外山	19	糙叶树	81.17	13	20.1	120	67	96	100	87	100	40	81.67
48	玉泉山外山	23	枫香	98.68	19	23.3	150	53	88	100	93	90	20	74
49	玉泉山外山	25	苦槠	62.07	15	12	150	67	88	100	67	95	20	72.83
50	玉泉山水园	20	青冈栎	79.58	17	5.3	100	53	72	80	60	80	40	64.17
51	玉泉山水园	10	樟树	98.68	24.5	16.5	180	47	88	100	87	85	20	71.17
52	玉泉山外山	18	樟树	133.1	14.5	23.8	130	47	80	90	100	75	40	72
53	植物园西门	37	银杏	70.03	13.8	17	130	67	96	100	80	100	20	77.17
54	植物园西门	35	樟树	75.76	16.45	17.3	143	47	88	100	80	95	40	75
55	植物园西门	35	樟树	85.94	16.15	23.2	143	47	92	100	87	95	40	76.83
56	灵隐法镜寺	54	银杏	93.9	10.75	28.7	400	53	72	90	93	90	60	76.33
57	灵隐法镜寺	62	银杏	152.8	21	25.4	800	53	72	90	100	90	40	74.17
58	灵隐法镜寺	59	银杏	98.68	18.6	18.9	500	53	72	90	87	90	60	75.33
59	灵隐法镜寺	51	银杏	76.39	15.75	28.3	300	53	72	90	87	90	60	75.33

（续表）

编号	地名	海拔/米	树种名称	胸径/厘米	冠幅/米	高度/米	树龄/年	TSS	TTS	TCS	TDS	TLS	TOS	TAS
60	中天竺法净寺	60	珊瑚朴	85.94	24	26.3	240	60	76	90	87	95	40	74.67
61	中天竺法净寺	61	珊瑚朴	121	14.5	25.3	240	60	84	100	100	100	60	84
62	天竺法净寺	56	珊瑚朴	73.21	15.15	17	120	60	84	95	80	95	40	75.67
63	上天竺法净寺	36	樟树	107.6	10.5	13.7	433	47	80	90	80	85	60	73.67
64	牡丹亭前	19	黑松	46.15	6.1	4.4	100	53	80	100	47	90	60	71.67
66	牡丹亭前	18	羽毛枫	16.55	4.95	3	100	67	92	95	33	100	60	74.5
65	牡丹亭前	19	日本五针	36.61	11.1	5	100	73	88	100	53	95	60	78.17
67	蒋庄西楼	15	广玉兰	79.26	12.2	16.7	100	53	72	90	80	90	40	70.83
68	蒋庄西楼	15	广玉兰	65.25	8.95	15	100	53	72	90	73	90	20	66.33
69	蒋庄西楼	10	龙柏	55.7	7.6	10	100	47	68	85	53	85	0	56.33
70	蒋庄西楼	10	龙柏	58.89	9	12.3	100	47	68	85	67	85	0	58.67
71	六通宾馆大门前	38	朴树	92.31	19.95	16.8	190	40	76	100	87	80	40	70.5
72	六通宾馆大门前	42	樟树	92.31	19.75	15.4	110	47	76	100	80	80	40	70.5
73	六通宾馆大门前	30	樟树	108.2	23.1	18.9	190	60	76	100	87	80	20	70.5
74	六通宾馆大门前	31	樟树	66.85	19.8	24	190	60	76	100	87	80	20	70.5
75	法相寺山脚旁	41	樟树	222.8	15	21.6	1050	53	84	75	100	80	80	78.67

（续表）

编号	地名	海拔/米	树种名称	胸径/厘米	冠幅/米	高度/米	树龄/年	TSS	TTS	TCS	TDS	TLS	TOS	TAS
76	净寺大门外	13	樟树	98.04	22	24.1	110	53	80	100	93	95	60	80.17
77	净寺大门外	11	樟树	79.58	19.75	20.1	110	53	80	100	87	95	40	75.83
78	净寺钟楼西侧	8	樟树	84.35	19.9	18.7	110	47	76	100	80	85	40	71.33
79	净寺钟楼西侧	8	樟树	90.72	23.5	25.4	110	47	76	100	93	85	40	73.5
80	净寺钟楼西侧	8	樟树	74.48	19.7	16.3	110	47	76	95	80	85	40	70.5
81	净寺钟楼西侧	8	樟树	66.85	15	13	110	53	76	95	73	85	40	70.33
82	净寺大雄宝殿	14	樟树	100.3	20.7	15.5	110	53	80	100	80	90	40	73.83
83	净寺出口处	14	樟树	98.68	19.4	16.9	160	53	80	95	87	90	40	74.17
84	净寺大雄宝殿	14	樟树	79.58	20	17.3	160	53	80	95	80	90	40	73
85	净寺入口处	14	樟树	90.72	22.6	19.2	160	53	80	100	93	90	40	76
86	净寺塔院	44	枫香	65.57	12.5	15.4	150	60	88	90	73	80	40	71.83
87	净寺塔院	30	樟树	106.6	16.5	18.8	210	40	88	100	87	80	60	75.83
88	净寺演法堂	30	木樨	52.52	11	11	110	40	68	80	60	75	20	57.17
89	净寺演法堂	30	木樨	49.34	12.5	12	110	110	68	80	60	75	20	57.17
90	净寺演法堂	30	木樨	61.12	14.8	10	110	40	68	80	67	75	40	61.67
91	净寺演法堂	29	木樨	31.19	5	7	110	110	68	75	47	75	40	57.5

附录3

20个古树名木样地特征概况

样地	主要树种组成	平均树龄/年
1	樟树	202
2	樟树、广玉兰	140
3	珊瑚朴	213
4	樟树	160
5	紫藤、樟树、木香	193
6	樟树	182
7	樟树	122
8	樟树	372
9	樟树、青枫栎、糙叶树、枫香、苦槠	138
10	蜡梅	100
11	樟树、银杏	139
12	银杏	526
13	珊瑚朴	200
14	黑松、日本五针松、羽毛枫	100
15	龙柏、广玉兰	100
16	樟树、沙朴	170
17	樟树	110
18	樟树	148
19	樟树、枫香、黄连木	160
20	桂花	110

样地 1：湖畔居院内古树群

样地 2:“白公惜别”石边古树群

样地 3：杭铁分局内古树群

样地 4：秋水山庄停车场古树群

样地 5：镜湖厅两岸咖啡旁古树群

样地 6：俞楼对面马路旁古树群

样地 7：杭州饭店对面停车场古树群

样地 8：岳庙门前古树群

样地 9：玉泉山外山古树群

样地 10：植物园梅园内古树群

样地 11：植物园西门古树群

样地 12：法镜寺溪沟旁古树群

样地 13：法净寺溪沟旁古树群

样地 14：六通宾馆院前古树群

样地 15：牡丹亭前古树群

样地 16：蒋庄西楼旁古树群

样地 17：净寺钟楼西侧古树群

样地 18：净寺大雄宝殿前古树群

样地 19：净寺塔院古树群

样地 20：净寺演法堂门前古树群

附录 4

SD 语义分析因子打分

特征	−2	−1	0	1	2	特征
树木形态奇特						树木形态普通
树叶整齐						树叶杂乱
树冠饱满						树冠稀疏
层次分明						层次模糊
林下植被覆盖度高						林下植被覆盖度低
色彩丰富						色彩单调
视线开阔						视线狭窄
植物观赏价值高						植物观赏价值低
树木长势好						树木长势差
林下光感明亮						林下光感昏暗

附录 5

三台山茶文化休闲村顾客满意度调查问卷

尊敬的先生/女士：

您好！我是浙江工商大学旅游学院人文地理与城乡规划专业的学生，正在写“基于顾客满意度的杭州西湖茶文化休闲村商业品质提升研究”的论文，希望获得您的调查支持。本次调查不会涉及您的姓名、真实身份和其他隐私，只用于研究分析，请您放心填写。为保证研究的科学性，请您结合实际情况如实作答。谢谢你的支持！

1. 您来自：

① 杭州本地　② 外地

2. 您的性别：

① 男　② 女

3. 您的年龄段：

① 18 岁以下　② 18—25 岁　③ 26—35 岁　④ 36—45 岁

⑤ 46—60 岁　⑥ 60 岁以上

4. 您的婚姻状况：

① 已婚　② 未婚

5. 您正在攻读或已获得的最高学位：

① 初中及以下　② 高中/中专　③ 大专　④ 本科　⑤ 硕士及以上

6. 您目前从事的职业：

① 工人　② 学生　③ 公务员　④ 私营企业主　⑤ 离退休人员　⑥ 军人

⑦ 专业/文教技术人员　⑧ 企事业管理人员　⑨ 农民　⑩ 机构/公司职员

7. 您的月收入为：

① 1 000 元以下　② 1 000～3 000 元　③ 3 001～5 000 元　④ 5 001～10 000元　⑤ 10 000 元以上

8. 您在本街区的单次消费大概是：

① 50 元以下　② 50～100 元　③ 101～200 元　④ 200 元以上

9. 参观本街区，在您此次游览计划中属于：

① 特地而来

② 偶然路过

③ 参观完本地其他景区，时间有余顺道而来

10. 请您根据实际情况和个人感觉，对三台山茶文化街在以下方面的满意程度作出评价，分值越大代表满意度越高，分值越小则满意度越低。（打√即可）

期望值/满意度分值	5	4	3	2	1
① 您来之前的总体期望值	□	□	□	□	□
② 您来之前认为街区对您消费需求的满足程度	□	□	□	□	□
③ 您对街区的特色商品可靠性的期望值	□	□	□	□	□
④ 您对业态功能的满意程度（包括购物、娱乐、餐饮、住宿等业态）	□	□	□	□	□
⑤ 您对街区空间布局的满意程度（整体空间格局的合理性）	□	□	□	□	□
⑥ 您在此商业购物的满意程度（包括商品价格合理性、商品品种和品牌多样性等）	□	□	□	□	□
⑦ 您对街区传统文化展示的满意程度	□	□	□	□	□
⑧ 您对街区商业文化氛围的满意程度	□	□	□	□	□
⑨ 您对街区休闲景观的满意程度（包括绿化、景观小品等）	□	□	□	□	□
⑩ 您对街区环境卫生的满意程度	□	□	□	□	□
⑪ 您对街区服务设施的满意程度（包括卫生间、安全设施、休闲设施、市政配套设施等）	□	□	□	□	□
⑫ 您对街区解说标识的满意程度（包括宣传资料、路牌导引等信息）	□	□	□	□	□

⑬ 在这样的价格下,您对商品质量的评价	□	□	□	□	□
⑭ 在这样的质量下,您对商品价格的评价	□	□	□	□	□
⑮ 您对茶文化街的总体满意程度	□	□	□	□	□
⑯ 与您认为与最理想的街区相比,您给该街区打几分	□	□	□	□	□
⑰ 该街区是否达到您的事先期望	□	□	□	□	□
⑱ 如果有机会,您旧地重游的意愿有多少	□	□	□	□	□
⑲ 您会为街区宣传的意愿有多少	□	□	□	□	□
⑳ 您会宣传自己不愉快经历的可能性	□	□	□	□	□
㉑ 您是否会向有关部门投诉该文化街	□	□	□	□	□

问卷结束,再次谢谢您的支持!